Il Libro dei Salmi

ספר תהילים

David
Re del Regno Unito di Israele e Giuda
1040 a.C. a Betlemme - 970 a.C. a Gerusalemme

Il Libro dei Salmi – ספר תהילים

Traduttori: Giovanna Soncin, Davide Valenti Revisori:
Barbara Faraone, Nadia Bedini Copertina: Inna Smirnova
Prima edizione: Gennaio 2023
Prima stampa
ISBN: 9798866734900

Foto di copertina - Romeyn de Hooghe (olandese, 1645-1708)

Samuele II - Capitolo 6, verso 5;
"E David e tutta la casa d'Israele si rallegrarono con ogni sorta di strumenti di legno di cipresso, e con arpe, e con salterie, e con timbri, e con sistra, e con piatti".

Foto: per gentile concessione di www.holylandmaps.org

Primo libro

Uno

1. Beato l'uomo che non ha camminato sulla via degli empi, né si è fermato sul sentiero dei peccatori, né si è seduto in compagnia degli schernitori. 2. Piuttosto, la sua gioia è nella legge del Signore e vive in essa giorno e notte. 3. Sarà come un albero piantato vicino a un ruscello, che dà i suoi frutti nella sua stagione, e le cui foglie non appassiscono; e avrà successo in tutto quello che farà. 4. I malvagi non sono così; piuttosto, sono come polvere spazzata via dal vento. 5. Perciò gli empi non saranno giudici, né i peccatori saranno nell'assemblea dei giusti. 6. Poiché il Signore osserva la via dei giusti, ma la via degli empi perirà.

Due

1. Perché le nazioni si riuniscono e perché gli uomini parlano di cose stupide? 2. I re della terra insorgono e i governanti si uniscono contro il Signore e contro il Suo popolo. 3. "Rompiamo le loro catene e lasciamo cadere le loro corde da noi!" 4. Colui che siede in cielo e ride è deriso dal signore. 5. Poi Egli parla a loro nella Sua furia e li terrorizza

con la Sua ira. 6. "Sono Io che ho scelto il Mio re, su Sion, la Mia montagna sacra." 7. Io felicemente dico: Il Signore mi ha detto: "Tu sei mio figlio e oggi ti ho dato la vita. 8. ChiediMi qualunque cosa e Io farò delle nazioni la tua eredità, finché gli angoli della terra saranno in tuo possesso. 9. Colpiscili con una verga di ferro, frantumali come un vaso da vasaio." 10. Adesso siate saggi, voi re; siate prudenti, o capi della terra. 11. Servite il Signore nel timore e gioite con tremore. 12. Cercate la purezza - per timore che Egli si adiri e il vostro futuro sia condannato, se la Sua ira divampa anche solo per un momento. Fortunati tutti coloro che credono in Lui.

Tre

1. Un Salmo di David, quando egli fuggì da suo figlio, Absalom 2. Signore, quanti sono i miei nemici; molti si ribellano contro di me! 3. Molti parlano della mia anima dicendo: "Dio non lo ama - Non lo farà mai!" 4. Ma Tu, Signore, sei un protettore per me, la mia gloria, Colui che solleva la mia testa. 5. Io invoco il Signore ad alta voce ed Egli mi risponde dal Suo monte sacro, per sempre. 6. Io mi corico e dormo; mi sveglio, perché il Signore mi sostiene. 7. Io non temo i gruppi di persone che si sono schierate per circondarmi. 8. Alzati, Signore, proteggimi, mio Dio. Perché Tu che hai colpito sulla

guancia tutti i miei nemici, Hai spezzato i denti dei malvagi. 9. La redenzione è del Signore; che la Tua benedizione sia sempre sul Tuo popolo.

Quattro

1. Per il Direttore del coro, con musica strumentale, un salmo di David. 2. Rispondi quando Ti chiamo, O Dio che conosci la mia rettitudine. Tu mi hai salvato dalla sofferenza; sii gentile con me e ascolta la mia preghiera. 3. O uomini, per quanto tempo trasformerete il mio onore in vergogna, amerete voi stessi e cercherete la falsità incessantemente? 4. Sappiate che il Signore ha messo da parte chi gli è devoto; il Signore mi ascolterà quando Lo invocherò. 5. Temete e non peccate, contemplate nei vostri cuori sopra i vostri letti e tacete per sempre. 6. Offrite sacrifici con cuore puro e credete nel Signore. 7. Molti dicono: "Chi ci mostrerà il bene?" Mostraci la luce del Tuo volto, O Signore. 8. Tu metti la gioia nel mio cuore, una gioia più grande di quella dei contadini quando vedono che il loro grano e il loro vino abbondano. 9. In pace e in armonia mi coricherò e dormirò, perché Tu, Signore, mi farai dimorare da solo, in sicurezza.

Cinque

1. Al Direttore del Coro, accompagnamento con flauto, un Salmo di David. 2. Ascolta le mie parole, o Signore, considera i miei pensieri. 3. Ascolta il grido della mia voce, mio Re e mio Dio, perché Te io prego. 4. Signore, ascolta la mia voce al mattino; al mattino preparo le mie preghiere davanti a Te e spero. 5. Perché Tu non sei un Dio che desidera il male; la malvagità non è accettata da Te. 6. L'arrogante non può stare davanti ai Tuoi occhi; tu odi tutti i malfattori. 7. Tu distruggi i bugiardi; il Signore disprezza l'uomo cruento e la disonestà. 8. E io, per la Tua generosa bontà, entro nella Tua casa, mi inchino verso Tua santa dimora, con soggezione davanti a Te. 9. Guidami, Signore, nelle Tue vie giuste, malgrado i miei nemici; raddrizza il Tuo cammino davanti a me. 10. Perché non c'è onestà nelle loro bocche, il loro cuore è infido; la loro gola è una tomba aperta attraverso la quale la loro lingua loda. 11. Condannali, o Dio, che falliscano nei loro piani, bandiscili per i loro molti peccati, poiché si sono ribellati a Te. 12. Ma tutti coloro che confidano in Te si rallegreranno, canteranno con gioia per sempre; Tu li proteggerai e coloro che amano il Tuo Nome Ti loderanno. 13. Poiché Tu, Signore, benedici il giusto, Tu lo avvolgi come con uno scudo, con grazia.

Sei

1. Al Direttore del Coro, con musica strumentale per arpa a otto corde, un salmo di David. 2. Signore, non punirmi con la Tua collera, non punirmi con la Tua ira. 3. Sii indulgente con me, O Signore, perché un giorno scomparirò; guariscimi, O Signore, perché le mie ossa tremano di paura. 4. La mia anima è in preda al panico; e tu, Signore, quanto tempo ci vorrà prima che Tu mi aiuti? 5. Compatiscimi, o Signore, redimi la mia anima; salvami perché Tu sei buono. 6. Poiché nella tomba non c'è conoscenza di Te; chi Ti loderà nella tomba? 7. Sono stanco di sospirare; ogni notte bagno il mio letto; sciolgo con le lacrime il mio giaciglio. 8. Il mio occhio si è affievolito per il dispiacere, consumato da tutti i miei oppressori.

9. Separatevi da me, voi tutti malfattori, perché il Signore ha udito il suono del mio pianto. 10. Il Signore ha ascoltato la mia preghiera; il Signore accoglie la mia preghiera. 11. Tutti i miei nemici saranno svergognati e completamente terrorizzati; allora espieranno i loro peccati e si vergogneranno per un momento.

Salmi sette

1. Un canto di David, che egli cantò al Signore a proposito di Kush il Beniaminita. 2. Ripongo in Te la mia fiducia, Signore, mio Dio; riscattami da tutti i miei nemici e salvami. 3. Per paura che mi strappi l'anima come un leone, schiacciandomi, senza che nessuno possa salvarmi. 4. Signore, mio Dio, se ho fatto questo, se c'è qualcosa di sbagliato nelle mie mani. 5. Se ho ricambiato i miei amici con il male o ho oppresso coloro che mi odiano senza motivo. 6. Allora che il nemico dia la caccia e si impadronisca della mia anima, che calpesti la mia vita e deponga la mia gloria nella polvere per sempre. 7. Alzati, O Signore, nel Tuo furore, sollevaTi con ira contro i miei nemici. Permettimi di misurare la vendetta che Tu hai comandato. 8. Quando l'assemblea delle nazioni Ti circonda, allontanaTi da essa e torna nei cieli. 9. Il Signore misurerà la vendetta sulle nazioni; giudicami, O Signore, secondo la mia giustizia e la mia veridicità. 10. Lascia che il malvagio e l'empio abbiano fine, ma sostieni il giusto, O Dio giusto, Cacciatore di cuori e di menti. 11. Mi affido a Dio come mio scudo, Colui che salva chi ha un cuore puro. 12. Dio è il giudice morale e l'Onnipotente si infuria ogni giorno. 13. Poiché non chiede scusa, Egli affila la Sua spada, piega il Suo arco e si prepara. 14. Egli ha preparato per lui strumenti di morte;

userà le Sue frecce sugli inseguitori. 15. Infatti, egli considera il peccato, è gravido di piani malvagi e partorisce falsità. 16. Scava una fossa, la scava in profondità, solo per poi cadere nella trappola che ha teso. 17. La sua malizia si ritorcerà contro la sua testa; la sua violenza si abbatterà sul suo stesso cranio. 18. Loderò il Signore secondo la Sua giustizia e canterò il nome del Signore, l'Altissimo.

Otto

1. Al Direttore del Coro, per strumenti a corda, un Salmo di David. 2. Signore, nostro Maestro, come è potente il Tuo Nome sulla terra, Tu che hai posto la Tua magnificenza nei cieli! 3. Dalla bocca dei bimbi e dei lattanti Tu hai fatto uscire la forza, per combattere i Tuoi nemici, per mettere a tacere il nemico e il vendicatore. 4. Quando osservo i Tuoi cieli, opera delle Tue dita, la luna e le stelle che hai formato. 5. Che cos'è l'uomo a cui Tu pensi e il figlio dell'uomo di cui Ti prendi cura? 6. Eppure, lo hai reso quasi simile agli angeli e lo hai coronato di onore e gloria. 7. Lo hai reso padrone della Tua opera, hai posto tutte le cose ai suoi piedi. 8. Pecore e bestiame, tutti, e anche gli animali della campagna. 9. Gli uccelli del cielo e i pesci del mare; tutto ciò che passa attraverso i fiumi e i torrenti. 10.

Signore, nostro Maestro, quanto è maestoso il Tuo Nome su tutta la terra.

Nove

1. Per il Direttore del coro, sulla morte di Laben, un salmo di David. 2. Ringrazierò il Signore con tutto il mio cuore; racconterò di tutti i Suoi miracoli. 3. Ti celebrerò e Ti loderò; canterò il Tuo Nome, o Altissimo. 4. Quando i miei nemici si arrenderanno, inciamperanno e periranno davanti a Te. 5. Tu hai purificato il mio giudizio e difeso la mia causa; Ti sei seduto sul trono, o Giudice giusto. 6. Tu hai distrutto le nazioni, condannato i malfattori e cancellato il loro nome per l'eternità. 7. O nemico, le tue rovine sono scomparse per sempre e le città che hai distrutto, il loro stesso ricordo è stato dimenticato. 8. Ma il Signore regnerà per sempre Egli ha stabilito il Suo trono per il giudizio. 9. Ed Egli giudicherà il mondo con giustizia e purificherà il giudizio delle nazioni con rettitudine. 10. Il Signore sarà un rifugio sicuro per gli oppressi, una fortezza nel momento del bisogno. 11. Coloro che conoscono il Tuo Nome credono in Te, perché Tu, Signore, non hai abbandonato coloro che Ti cercano. 12. Cantate al Signore che risiede a Sion, raccontate le Sue gesta alle altre nazioni. 13. Perché il Vendicatore degli assassini è attento a loro; Egli

non dimentica il grido della vittima. 14. Sii benevolo con me, O Signore; Guarda la sofferenza causata dai miei nemici, Tu che mi elevi dai cancelli della morte. 15. Cosicché io possa narrare tutte le Tue lodi, ai cancelli della figlia di Sion, che io possa gioire nella Tua redenzione. 16. Le nazioni sono sprofondate nella fossa che avevano fatto; il loro piede è stato catturato nella rete che avevano nascosto. 17. Il Signore si è fatto conoscere attraverso il giudizio che Egli emise; il malvagio è intrappolato nell'opera delle sue mani; pensateci sempre. 18. Gli empi torneranno nella tomba, tutte le nazioni che dimenticano Dio. 19. L'indigente non sarà dimenticato in eterno, né perirà mai la speranza del povero. 20. Alzati, o Signore, non lasciare che l'uomo abbia successo; che le nazioni siano giudicate alla Tua presenza. 21. Stabilisci il Tuo dominio su di loro, o Signore; che le nazioni sappiano che non sono che uomini deboli, per sempre.

Dieci

1. Perché, O Signore, sei così lontano, Ti nascondi nei momenti di sofferenza? 2. Il malvagio, con la sua arroganza insegue il povero; che sia catturato nelle trame che essi hanno architettato. 3. Poiché l'empio si vanta nel desiderio del suo cuore e il ladro si vanta

di aver maledetto il Signore. 4. Il malvagio nella sua irriverenza pensa: "Egli non si vendica"; tutti i suoi pensieri sono: "Non c'è Dio". 5. Le sue vie hanno sempre successo; la Tua vendetta è lontana da lui; egli ride di tutti i suoi nemici. 6. Dice in cuor suo: "Rimarrò come sono; per tutte le generazioni non mi accadrà alcun male". 7. La sua bocca è piena di giuramenti, inganni e odio; malizia e immoralità sono sotto la sua lingua. 8. Siede in agguato vicino alle città aperte; in luoghi nascosti uccide gli innocenti; i suoi occhi osservano furtivamente gli sventurati. 9. Sta in agguato nascosto come un leone nella sua tana; si apposta per cogliere la sofferenza, poi la coglie quando tira la sua rete. 10. Si accuccia e si china, poi gli indifesi cadono preda del suo potere. 11. Dice in cuor suo: "Dio ha dimenticato, nasconde il Suo volto, Egli non vedrà mai". 12. Alzati, o Signore! O Dio, alza la Tua mano! Non dimenticare la sofferenza. 13. Perché il malvagio maledice Dio? Perché dice in cuor suo: "Tu non vendichi". 14. In realtà, Tu vedi! Perché Tu vedi la malizia e il dispiacere. Per prenderlo nella Tua mano; gli indifesi ripongono in Te la loro fiducia; Tu hai sempre soccorso l'orfano. 15. Spezza la forza del malvagio; poi cerca la malvagità del cattivo e Tu non la troverai. 16. Il Signore regna per l'eternità; le nazioni sono scomparse dalla Sua terra. 17. Signore, hai ascoltato il desiderio degli umili; rafforza i loro cuori, lascia che il Tuo orecchio ascolti. 18. Per rendere giustizia all'orfano e alla vittima, affinché i malvagi non schiaccino più i deboli della terra.

Undici

1. Per il Direttore del Coro, di David. Ho posto la mia fiducia nel Signore, come puoi dire alla mia anima: "Fuggi come un uccello verso la tua montagna?" 2. Poiché ecco che gli empi tendono l'arco, hanno preparato la loro freccia sulla corda dell'arco, per colpire i giusti nelle tenebre. 3. Se le fondamenta sono distrutte, cosa possono fare i giusti? 4. Il Signore è nel Suo tempio sacro, il trono del Signore è in cielo, eppure i Suoi occhi osservano, le Sue pupille esaminano le azioni degli uomini. 5. Il Signore mette alla prova i giusti ma odia i malvagi e chi ama la violenza. 6. Farà piovere sui malvagi carboni ardenti e zolfo; un vento rovente sarà per loro. 7. Poiché il Signore è giusto, ama l'uomo dalle azioni rette; i retti vedranno il Suo volto.

Dodici

1. Per il Direttore del Coro, per strumenti a otto corde, un salmo di David. 2. Aiutaci, Signore, perché non ci sono più giusti; poiché i fedeli hanno cessato di esistere nell'umanità. 3. Gli uomini si

dicono menzogne l'un l'altro; parlano con labbra lusinghiere, con cuore falso. 4. Possa il Signore tagliare le labbra adulatrici e la lingua che si vanta. 5. Quelli che hanno detto: "Con la nostra lingua prevarremo, le nostre labbra ci appartengono, chi è il Signore per noi!?" 6. Per il dolore dei sofferenti, per il lamento dei bisognosi, il Signore dice: "Ora sorgerò!". "Io concederò la redenzione", Egli gli dice. 7. Le parole del Signore sono parole pure, come argento fuso in una fornace sulla terra, purificato sette volte. 8. Possa Tu, O Signore, vegliare su di loro; che Tu li custodisca per sempre, da questa generazione fino alla fine. 9. I malvagi vanno in giro ovunque; quando il male si aggira tra gli uomini.

Tredici

1. Per il Direttore del Coro, un salmo di Davide. 2. Fino a quando, O Signore, mi dimenticherai? Per sempre? Fino a quando mi nasconderai il Tuo volto? 3. Per quanto tempo dovrò cercare consiglio nell'anima mia, per sfuggire al dolore che ho nel cuore tutto il giorno? Per quanto tempo il mio nemico dominerà su di me? 4. Guarda! Rispondimi, O Signore, mio Dio; illumina i miei occhi, affinché io non dorma il sonno della morte. 5. Che il mio nemico non dica: "L'ho vinto", e i miei oppressori non si rallegrino della mia debolezza. 6. Ho riposto

la mia fiducia nella Tua bontà, il mio cuore si rallegrerà della Tua redenzione. Canterò al Signore, perché Egli mi ha trattato con benevolenza.

Quattordici

1. Per il Direttore del Coro, salmo di David. Lo stolto dice in cuor suo: "Non c'è alcun Dio"! Le azioni dell'uomo sono diventate corrotte e disgustose; nessuno fa il bene. 2. Il Signore ha guardato l'umanità dal cielo per vedere se esiste qualche uomo saggio che cerchi Dio. 3. Tutti sono diventati cattivi, tutti insieme sono diventati corrotti, non c'è nessuno che faccia il bene, nemmeno uno. 4. Infatti, tutti i malfattori che divorano il Mio popolo come si divora il pane, che non invocano il Signore, alla fine conosceranno le conseguenze delle loro azioni. 5. Allora saranno colti dal terrore, perché Dio è con la generazione retta. 6. Voi fate vergognare gli amici del sofferente, che ripone la sua fiducia nel Signore. 7. Oh, se la redenzione di Israele venisse da Sion! Quando il Signore farà tornare il Suo popolo dall'esilio, Giacobbe si rallegrerà, Israele gioirà.

Quindici

1. Un Salmo di David. Chi potrà dimorare nella Tua tenda, o Signore? Chi potrà abitare sul Tuo Monte Santo? 2. Egli che cammina con onestà, agisce con giustizia e dice la verità anche nel suo cuore. 3. Chi non usa la lingua per insultare, che non ha fatto del male al suo prossimo e non ha portato disonore alla sua famiglia. 4. Ai cui occhi è spregevole un uomo abietto, ma che onora coloro che sono timorati di Dio; che non ritratta il suo giuramento anche se ciò è a suo vantaggio; 5. Chi non presta il suo denaro per interesse, né accetta tangenti che danneggiano l'innocente. Chi fa queste cose non cadrà mai.

Sedici

1. Un prezioso salmo di David. Veglia su di me, o Dio, perché in Te ho riposto la mia fiducia. 2. Tu hai detto a Dio: "Tu sei il mio Padrone: non sei tenuto a farmi del bene". 3. Per quanto riguarda i santi che giacciono sulla terra, essi sono maestosi e in loro è tutta la mia delizia. 4. Per quelli che hanno cercato altri dei, la loro sofferenza aumenterà; non offrirò le loro libagioni di sangue e non pronuncerò i loro nomi sulle mie labbra. 5. Il Signore è il mio Dio e la mia parte; Tu guidi il mio destino. 6. Le porzioni che mi spettano sono capitate in luoghi piacevoli;

infatti, la mia eredità è bella per me. 7. Benedirò il Signore che mi ha dato consiglio; infatti, la mia mente mi istruisce nella notte. 8. Ho posto il Signore davanti a me in ogni momento; poiché Egli è alla mia destra, io non cadrò. 9. Perciò il mio cuore esulta e la mia anima gioisce; anche la mia carne riposa al sicuro. 10. Perché Tu non abbandonerai la mia anima nella tomba, non permetterai che il Tuo fedele veda l'inferno. 11. Insegnami il cammino della vita, affinché io sia saziato dalla gioia della Tua presenza, dalla beatitudine della Tua mano destra per sempre.

Diciassette

1. Una preghiera di Davide. Ascolta la mia supplica sincera, o Signore; ascolta il mio grido; porgi l'orecchio alla mia preghiera, che non proviene da labbra che mentono. 2. Lascia che il mio verdetto si manifesti davanti a Te; che i Tuoi occhi vedano il decoro. 3. Hai messo alla prova il mio cuore, lo hai esaminato nella notte, mi hai messo alla prova e non hai trovato nulla; nessun pensiero malvagio ha attraversato la mia mente; come sono le mie parole così sono i miei pensieri. 4. Affinché le mie azioni umane seguano le parole delle Tue labbra, io mi proteggo dal cammino dei violenti. 5. Sostieni i miei passi nei Tuoi sentieri, affinché i miei piedi non

scivolino. 6. Ti ho invocato, perché Tu, o Signore, mi risponderai; avvicina il Tuo orecchio a me, ascolta ciò che ho da dire. 7. Trattieni la Tua benevolenza, o Tu che riscatti con la tua destra coloro che confidano in Te, da coloro che si ribellano a Te. 8. Custodiscimi come la pupilla dell'occhio; nascondimi all'ombra delle Tue ali. 9. Dai malvagi che mi derubano, dai miei nemici mortali che mi circondano. 10. Il loro grasso ha chiuso i loro cuori; le loro bocche parlano con arroganza. 11. Circoscrivono i nostri passi; puntano i loro occhi per farci allontanare dalla terra. 12. Il suo aspetto è come un leone che desidera mangiare, come un giovane leone che si nasconde in agguato. 13. Alzati, Signore! Affrontalo, mettilo in ginocchio; salva la mia anima dal malvagio che serve come Tua spada. 14. Che io sia tra coloro che muoiono per mano Tua, o Signore, tra coloro che muoiono di vecchiaia, la cui parte è la vita eterna e le cui viscere sono piene della Tua bontà nascosta; che sono soddisfatti dei loro figli e lasciano la loro ricchezza alla loro discendenza. 15. Grazie alla mia moralità, vedrò il Tuo volto; nel tempo della resurrezione, appagato dalla Tua immagine.

Diciotto

1. Al Direttore del Coro. Dal servo del Signore, da Davide, che cantò le parole di questo canto al Signore nel giorno in cui lo riscattò dalla mano dei suoi nemici e dalla mano di Saul. 2. Egli disse: "Ti amo, Signore, mia forza". 3. Il Signore mi sostiene, Egli è la mia fortezza e il mio salvatore. Il mio Dio è la forza in cui mi rifugio, il mio scudo, il corno della mia redenzione, la mia roccaforte. 4. Con lodi invoco il Signore e sono salvato dai miei nemici. 5. Poiché i segni della morte mi circondavano, torrenti di malvagi mi incutevano orrore. 6. I segni della tomba mi cingevano, le trappole della morte mi affrontavano. 7. Nella mia angoscia ho invocato il Signore, ho gridato al mio Dio; e dal Suo palazzo, Egli ha udito la mia voce, e la mia preghiera è giunta davanti a Lui, alle Sue orecchie. 8. La terra fu scossa e tremò; le fondamenta dei monti sussultarono - tremarono a causa della Sua ira che è divampata. 9. Il fumo salì dalle Sue narici, dalla Sua bocca ardeva un fuoco divorante, e da Lui divamparono carboni ardenti. 10. Egli inclinò i cieli e discese, una densa nube era sotto i Suoi piedi. 11. Egli cavalcò un essere soprannaturale e volò; si librò sulle ali del vento. 12. Fece delle tenebre il Suo travestimento, dell'ambiente circostante il Suo rifugio, fatto di dense nubi con le loro acque scure. 13. Dalla

luminosità che emanava da Lui, dissolse le nubi con grandine e carboni ardenti. 14. Il Signore tuonò nel cielo, l'Altissimo fece sentire la sua voce con grandine e carboni ardenti. 15. Egli lanciò le sue frecce e li disperse; con molti fulmini li sbaragliò. 16. I canali d'acqua divennero visibili, le fondamenta del mondo furono scoperte, al Tuo rimprovero, o Signore, al soffio delle Tue narici. 17. Egli mi ha fatto uscire dal cielo e mi ha preso; mi ha fatto emergere dalle acque impetuose. 18. Mi ha salvato dal mio nemico feroce e dai miei avversari che erano diventati troppo potenti per me. 19. Mi hanno affrontato nel giorno della mia sventura, ma il Signore era al mio fianco. 20. Mi ha portato in un ampio spazio; Egli mi ha salvato perché mi ama. 21. Il Signore mi ha ricompensato secondo la mia moralità; mi ha ripagato secondo la purezza delle mie mani. 22. Perché ho osservato le vie del Signore e non ho trasgredito contro il mio Dio. 23. Poiché tutte le Sue leggi sono davanti a me, non ho allontanato da me i Suoi precetti. 24. Sono stato perfetto con Lui e mi sono guardato dal peccare. 25. Il Signore mi ha ripagato secondo la mia moralità, secondo la purezza delle mie mani ai Suoi occhi. 26. Con chi ha il cuore gentile Tu agisci con gentilezza; con l'uomo onesto Tu agisci con onestà. 27. Con il puro Tu agisci con purezza, ma con l'astuto Tu agisci con astuzia. 28. Poiché Tu salvi la nazione indigente, ma utili gli occhi egoisti. 29. Tu infatti accendi la mia lampada; Signore, mio Dio, illumina le mie tenebre. 30. Poiché con Te posso affrontare un esercito, con il mio Dio posso assaltare le mura. 31. La via di Dio è perfetta; la parola del Signore è pura; Egli è uno scudo per tutti coloro che si rifugiano in Lui. 32. Perché chi è Dio all'infuori del Signore, e chi è un sostegno come il nostro Dio? 33. Il Dio che mi cinge con forza e rende perfetto il mio cammino. 34. Egli rende i miei piedi come quelli di un cervo e mi fa stare saldo sulle mie alture. 35. Egli addestra le mie mani alla battaglia, le mie braccia a piegare un arco di bronzo. 36. Mi hai dato lo scudo della Tua redenzione, la Tua destra mi ha sostenuto; la Tua pietà mi ha reso grande. 37. Hai allungato i miei passi sotto di me e le mie ginocchia non hanno ceduto. 38. Ho inseguito i miei nemici e li ho superati; non sono tornato indietro finché non li ho distrutti. 39. Li ho schiacciati affinché non potessero alzarsi; sono caduti sotto i miei piedi. 40. Mi hai addestrato alla forza in battaglia; hai sottomesso i miei nemici sotto di me. 41. Hai fatto voltare le spalle ai miei nemici e così ho abbattuto i miei avversari. 42. Essi gridavano, ma non c'era nessuno che li salvasse, oltre al Signore, ma Egli non rispose loro. 43. Io li ho dispersi come polvere al vento, li ho riversati come il fango sulle strade. 44. Tu mi hai salvato dagli irascibili del popolo, mi hai posto a capo delle nazioni; una nazione che non conoscevo è diventata la mia nazione. 45. Appena sentono parlare di me mi obbediscono; gli stranieri si sottomettono a me. 46. Gli stranieri scompaiono, sono terrorizzati nelle loro fortezze. 47. Il Signore vive; benedetto è Colui che mi sostiene; maestoso è il Dio della mia redenzione. 48. Tu sei il Dio che compie la vendetta per me e conquista le nazioni sotto di me. 49. Che mi salva dai miei nemici, che mi esalta al di sopra dei miei avversari, che mi riscatta dagli uomini violenti. 50. Perciò Ti ringrazierò, Signore, tra le nazioni, e canterò al Tuo Nome. 51. Egli concede al Suo re grandi redenzioni e agisce con benevolenza verso i Suoi eletti, verso David e la sua discendenza in eterno".

Diciannove

1. Per il Direttore del Coro, un salmo di Davide. 2. I cieli raccontano la gloria dell'Onnipotente; il firmamento proclama la Sua opera. 3. Giorno dopo giorno il discorso fluisce, notte dopo notte esprime conoscenza. 4. Non c'è espressione, né ci sono parole; la loro voce è impercettibile. 5. Il loro arco si estende in tutto il mondo, il loro messaggio giunge alle estremità della terra. Nei cieli ha posto una tenda per il sole. 6. Egli è come uno sposo che esce dal suo baldacchino nuziale, come un uomo forte

che si rallegra nel correre una gara. 7. Sorge da un'estremità dei cieli e il suo cammino giunge all'altra estremità; e non c'è nulla che si sottrae al suo calore. 8. La legge del Signore è perfetta e ristora l'anima; la testimonianza del Signore è veritiera e rende saggio anche l'uomo semplice. 9. Gli insegnamenti del Signore sono corretti e rallegrano il cuore; il comando del Signore è puro e illumina gli occhi. 10. Il timore del Signore è onesto, dura in eterno; i giudizi del Signore sono veri, sono tutti giusti. 11. Sono più desiderabili dell'oro, di molto oro fino; più dolci del miele o della colatura del favo. 12. In verità, il Tuo servo è avvertito; c'è una grande ricompensa nell'osservarli. 13. Ma chi può discernere i suoi errori? Purificami dai peccati nascosti. 14. Tieni lontano il Tuo servo anche dai peccati intenzionali; che non trionfino su di me; allora sarò senza macchia e purificato dal grande peccato. 15. Possano le parole della mia bocca e i pensieri del mio cuore essere accettabili davanti a Te, Signore, mia Forza e mio Redentore.

Venti

1. Per il Direttore del Coro, un salmo di David. 2. Possa il Signore rispondervi nel giorno della sofferenza; possa il Nome del Dio di Giacobbe darvi forza. 3. Possa Egli mandarvi aiuto dalla Sua casa e

sostenervi da Sion. 4. Possa Egli ricordare tutte le vostre offerte e accettare sempre con gioia i vostri sacrifici. 5. Possa Egli darvi ciò che il vostro cuore desidera ed esaudire ogni vostro desiderio. 6. Noi ci rallegriamo della vostra redenzione e innalzeremo i nostri vessilli nel nome del nostro Dio; possa il Signore esaudire tutti i vostri desideri. 7. Ora so che il Signore ha riscattato il Suo eletto, rispondendogli dai Suoi cieli santi con la potente forza salvifica della Sua mano destra. 8. C'è chi si affida ai carri e chi ai cavalli, ma noi ci affidiamo e preghiamo che il Nome del Signore nostro Dio sia dalla nostra parte. 9. Essi si piegano e cadono, ma noi ci alziamo e restiamo in piedi. 10. Signore, redimici; possa il Re risponderci nel giorno in cui Lo invochiamo.

Ventuno

1. Per il Direttore del Coro, un salmo di David. 2. Il re gioisce della Tua potenza, Signore; quanto si rallegra nella Tua redenzione! 3. Tu gli hai dato il desiderio del suo cuore e non hai mai negato l'espressione delle sue labbra. 4. Tu gli hai dato di più con benedizioni di bene; Tu hai posto sul suo capo una corona d'oro puro. 5. Egli ha chiesto a Te la vita e Tu gliel'hai data: una lunga vita, per sempre. 6. La sua felicità è grande nella Tua redenzione; Tu hai posto su di lui maestà e magnificenza. 7. Perché

Tu gli hai dato una benedizione senza fine; lo rallegri con la gioia del Tuo volto. 8. Perché il re confida nel Signore e nella bontà dell'Altissimo, affinché non cada. 9. La Tua mano basterà per tutti i Tuoi nemici; la Tua destra troverà coloro che Ti odiano. 10. Li renderai come una fornace ardente nel momento del Tuo furore. Che il Signore li divori nella Sua ira; che un fuoco li consumi. 11. Distruggi la loro progenie sulla terra, la loro discendenza dall'umanità. 12. Perché hanno tramato il male contro di Te, hanno escogitato piani malvagi che non possono eseguire. 13. Perché Tu li metterai separati con il Tuo arco mirerai ai loro volti. 14. Sii maestoso, o Signore, nella Tua forza; noi intoneremo e canteremo la lode della Tua potenza.

Ventidue

1. Al Direttore del Coro, riguardo a Venere, un Salmo di David. 2. Dio mio, Dio mio, perché mi hai abbandonato! Sei così lontano dal salvarmi, dalle parole del mio grido? 3. Mio Dio, Ti invoco di giorno e Tu non rispondi, di notte, ma non c'è sosta per me. 4. Eppure Tu sei il Santo, colui che regna sulle lodi di Israele. 5. I nostri padri hanno creduto in Te; essi hanno confidato in Te e Tu li hai salvati. 6. Hanno gridato a Te e sono stati salvati; hanno confidato in Te e non si sono vergognati. 7. E io

sono un verme e non un uomo; deriso dagli uomini, disprezzato dalle nazioni. 8. Tutti quelli che mi vedono mi deridono; aprono le labbra, scuotono il capo. 9. Ma colui che affida il suo lavoro al Signore, Egli lo salverà! Egli lo soccorrerà, perché Egli lo desidera. 10. Perché Tu mi hai preso dall'utero e mi hai messo al sicuro sul seno di mia madre. 11. Su di Te sono stato gettato dalla nascita, dal grembo di mia madre Tu sei stato il mio Dio. 12. Non Ti allontanare da me, perché le difficoltà sono vicine e non c'è nessuno che mi aiuti. 13. Molti tori mi circondano; i potenti tori di Bashan mi accerchiano. 14. Aprono le loro bocche contro di me, come un leone che ferisce e ruggisce. 15. Mi sciolgo come l'acqua, tutte le mie ossa sono slogate; il mio cuore è diventato come cera, fuso nelle mie viscere. 16. La mia forza si è inaridita come un coccio rotto, e la mia lingua taglia il mio gusto; Tu mi hai posto nella polvere della morte. 17. Poiché i cani mi circondano, un mucchio di malfattori mi accerchia; le mie mani e i miei piedi sono come preda per i leoni. 18. Conto tutte le mie membra, mentre loro mi guardano e trionfano su di me. 19. Si spartiscono i miei indumenti tra loro; tirano a sorte i miei vestiti. 20 Ma Tu, Signore, non sei lontano, mia Forza, accorri in mio aiuto! 21. Salvami dalla spada, salva la mia anima dal morso dei cani. 22. Salvami dalla bocca del leone, come Tu mi hai protetto dalle corna delle bestie selvagge. 23. Racconterò le lodi del Tuo Nome ai miei fratelli; Ti Loderò nell'assemblea. 24. Voi che temete il Signore, LodateLo! GlorificateLo; tutti voi discendenti di Giacobbe! Abbiate timore di Lui, voi tutti, progenie di Israele! 25. Poiché Egli non ha disprezzato né odiato la richiesta del povero, né gli ha nascosto il Suo Volto; anzi Egli lo ha ascoltato quando ha gridato a Lui. 26. Nella grande assemblea, la mia lode viene da Te; pagherò i miei voti davanti a quelli che Lo temono. 27. Fai che l'umile mangi e sia saziato; che quelli che cercano il Signore Lo lodino, che i vostri cuori vivano in eterno! 28. Tutti dalle estremità della terra si ricorderanno e torneranno al Signore; tutte le famiglie delle nazioni si inchineranno davanti a Te. 29. Perché il potere è del Signore ed Egli domina sulle nazioni. 30. Tutti gli opulenti della terra mangeranno e si prostreranno, tutti coloro che scendono nella polvere si inginocchieranno davanti a Lui, ma Egli non farà rivivere le loro anime. 31. La progenie di coloro che Lo servono racconterà dell'avvento del Signore alle generazioni a venire. 32. Esse verranno e racconteranno la Sua giustizia, tutto ciò che Egli ha fatto per una nazione appena nata.

Ventitre

1. Un Salmo di David. Il Signore è il mio pastore; non manco di nulla. 2. Egli mi fa giacere su verdi pascoli; Egli mi conduce lungo acque tranquille. 3. Egli ristora la mia anima; Mi conduce per sentieri di giustizia per amore del Suo Nome. 4. Anche se camminassi nella valle dell'ombra della morte, non temerò alcun male, perché Tu sei con me; il Tuo scettro e il Tuo bastone mi daranno conforto. 5. Tu preparerai una tavola per me davanti ai miei nemici; Tu hai unto d'olio il mio capo; il mio calice è colmo. 6. Solo bontà e benevolenza mi accompagneranno per tutti i giorni della mia vita, e io dimorerò nella Casa del Signore per molti lunghi anni.

Ventiquattro

1. Un Salmo di David. La terra e tutto ciò che è in essa appartiene al Signore; il mondo e i suoi abitanti. 2. Perché Egli l'ha fondata sui mari, e l'ha situata sui fiumi. 3. Chi può salire sulla montagna del Signore, e chi può stare nel Suo luogo santo? 4. Colui che ha mani innocenti e un cuore puro, che non ha pronunciato il Mio Nome invano e non ha giurato il falso. 5. Egli riceverà la benedizione del Signore e la benevolenza di Dio, suo redentore. 6. Così è la generazione di coloro che Lo cercano, i

figli di Giacobbe che cercano di vedere il Tuo volto per sempre. 7. Alzate i battenti o cancelli, spalancatevi, porte eterne, così che il Re glorioso possa entrare. 8. Chi è il Re glorioso? Il Signore, forte e potente; il Signore, potente in battaglia. 9. Alzate i battenti, o cancelli; apritevi, porte eterne, in modo che il Re glorioso possa entrare. 10. Chi è il Re glorioso? Il Signore degli Eserciti, Egli è il Re glorioso per l'eternità.

Venticinque

1. Di David. A Te, Signore, io innalzo la mia anima. 2. Mio Dio, ho riposto la mia fiducia in Te. Che io non sia umiliato, che i miei nemici non trionfino su di me. 3. Anzi, che tutti coloro che confidano in Te non siano umiliati; ma si vergognino coloro che agiscono malvagiamente senza motivo. 4. O Signore, fammi conoscere le Tue vie; insegnami il Tuo cammino. 5. Istruiscimi nella Tua verità e insegnami, perché Tu sei il Dio della mia redenzione; anelo a Te tutto il giorno. 6. O Signore, ricorda la Tua Misericordia e la Tua Benevolenza, perché esistono da sempre. 7. Non ricordare i peccati della mia infanzia, né le mie malefatte; ricordati di me secondo la Tua benevolenza, a causa della Tua bontà, O Signore. 8. Il Signore è buono e giusto, perché Egli indica ai peccatori la retta via. 9.

Egli guida l'umile con giustizia e gli insegna la Sua via. 10. Tutte le vie del Signore sono benevole e veritiere per coloro che osservano il Suo patto e Lo testimoniano. 11. Per amore del Tuo Nome, O Signore, perdona la mia iniquità perché è grande. 12. Chiunque sia un uomo timorato di Dio, a lui Egli insegnerà la strada che deve scegliere. 13. La sua anima vivrà felicemente e la sua discendenza erediterà la terra. 14. Il segreto del Signore è noto a coloro che Lo servono; Egli fa conoscere loro la Sua volontà. 15. I miei occhi sono sempre rivolti al Signore, perché Egli libera i miei piedi dalla trappola. 16. Rivolgiti a me e sii compassionevole con me, perché sono solo e soffro. 17. Le pene del mio cuore sono aumentate; liberami dalla mia sofferenza. 18. Guarda la mia pena e la mia sofferenza e perdona tutti i miei peccati. 19. Guarda come sono diventati numerosi i miei nemici; essi mi odiano con una passione violenta. 20. Proteggi la mia anima e liberami; che io non debba vergognarmi, perché in Te ripongo la mia fiducia. 21. Che la mia onestà e integrità mi proteggano, perché la mia speranza è in Te. 22. Riscatta Israele, o Dio, da tutte le sue sofferenze.

Ventisei

1. Di David. Giudicami, o Signore, perché ho camminato nell'integrità e nel Signore ho creduto - Io non cadrò. 2. Mettimi alla prova, o Signore, ed esaminami; affina la mia mente e il mio cuore. 3. Perché la Tua bontà è davanti ai miei occhi e ho vissuto sempre nella Tua verità. 4. Non mi sono seduto con i bugiardi e non mi mescolerò con gli ipocriti. 5. Non mi piace la compagnia dei peccatori e non mi siederò con i malvagi. 6. Mi lavo le mani nella purezza e circondo il Tuo altare, o Signore. 7. Per dare voce ai ringraziamenti e raccontare tutti i Tuoi miracoli. 8. Amo il rifugio della Tua casa, o Signore, e il luogo dove riposa la Tua gloria. 9. Non associare la mia anima alle anime dei peccatori, né la mia vita agli uomini sanguinari. 10. Nelle cui mani ci sono i complotti e la loro mano destra è piena di tangenti. 11. Ma io cammino nella mia innocenza; riscattami e mostrami favore. 12. Il mio piede è saldo a terra; nei gruppi benedirò il Signore.

Ventisette

1. Di Davide, il Signore è la mia luce e il mio redentore, chi devo temere? Il Signore è la forza della mia vita, di chi avrò paura? 2. Quando i malfattori si sono avvicinati a me per divorare la

mia carne, i miei oppressori e i miei nemici hanno inciampato e sono caduti. 3. Se un esercito mi perseguitasse, il mio cuore non avrebbe paura; se la guerra si scatenasse contro di me, confido nel mio Signore. 4. Ho chiesto al Signore una cosa e questa cerco: che io possa vivere nella casa del Signore per tutta la mia vita, per osservare la bontà del Signore e visitare il Suo Tempio. 5. Perché mi nasconderà nel Suo recinto nel giorno dell'avversità; mi nasconderà nei luoghi appartati della Sua tenda; mi porterà in alto. 6. E allora la mia testa sarà più alta di quella dei miei nemici e nel Suo tabernacolo offrirò sacrifici di gioia; canterò e inneggerò al Signore. 7. Signore, ascolta la mia voce quando Ti chiamo; sii benevolo con me e rispondimi. 8. In Tuo onore il mio cuore dice: "Cercate il volto del Signore"; Signore, io cerco il Tuo volto. 9. Non nascondermi il Tuo volto, non respingere il Tuo servo con rabbia. Tu sei stato il mio aiuto; non abbandonarmi e non lasciarmi, Dio della mia salvezza. 10. Anche se mio padre e mia madre mi hanno abbandonato, il Signore mi ha accolto. 11. Signore, insegnami la Tua via e guidami sul sentiero della giustizia, per scampare ai miei nemici vigili. 12. Non consegnarmi ai miei nemici, perché hanno assunto falsi testimoni e parlano male. 13. Mi avrebbero distrutto se non avessi creduto che avrei visto la grandezza del Signore nella terra dei viventi. 14. Spera nel Signore, sii forte, il tuo cuore sia coraggioso e spera nel Signore.

Ventotto

1. Di Davide. Ti invoco, o Signore, mia Forza, non lasciare che le mie preghiere cadano su orecchie sorde; perché se Tu tacessi con me, sarei come quelli che scendono nella tomba. 2. Ascolta il suono delle mie suppliche quando Ti invoco, quando alzo le mani verso la Tua Santa Dimora. 3. Non associarmi ai malvagi, ai peccatori che parlano di pace con i loro compagni, anche se il male è nel loro cuore. 4. Trattali secondo le loro azioni e la malvagità delle loro azioni; dai loro secondo la loro opera, ripagali con la loro ricompensa. 5. Poiché non prestano attenzione alle azioni del Signore e all'opera delle Sue mani, che Egli li distrugga e non li risollevi. 6. Benedetto il Signore, perché ha ascoltato la voce delle mie suppliche. 7. Il Signore è la mia forza e il mio scudo; in Lui il mio cuore ha creduto e sono stato aiutato; il mio cuore ha trionfato e con il mio canto ho lodato Lui. 8. Il Signore dà loro forza; è un rifugio sicuro per il Suo popolo eletto. 9. Concedi la redenzione al Tuo popolo e benedici la Tua eredità; prenditi cura di loro e lodali per sempre.

Ventinove

1. Un salmo di David. Rendete grazie al Signore, figli dei potenti, ringraziate il Signore per il vostro privilegio e la vostra forza. 2. Date al Signore l'onore dovuto al Suo Nome; inchinatevi al Signore con magnifica santità. 3. La voce del Signore è sulle acque, il Dio della gloria tuona; il Signore è sulle potenti acque. 4. La voce del Signore risuona con forza; la voce del Signore risuona con maestà. 5. La voce del Signore spezza i cedri; il Signore frantuma i cedri del Libano. 6. Fa saltare il Libano come un vitello e la Siria come un giovane bue selvatico. 7. La voce del Signore accende fiamme di fuoco. 8. La voce del Signore fa tremare il deserto; il Signore fa tremare il deserto di Kadesh. 9. La voce del Signore fa partorire le cerve e sfronda le foreste; e alla Sua presenza tutti dichiarano la Sua gloria. 10. Il Signore sedette come Re al tempo del Diluvio; il Signore siederà come Re in eterno. 11. Il Signore darà forza al Suo popolo; il Signore benedirà il Suo popolo con la pace.

Trenta

1. Un salmo, un canto dedicato alla Casa di David. 2. Ti lodo, O Signore, perché Tu mi hai ispirato e non hai permesso ai miei nemici di trionfare su di

me. 3. Signore, mio Dio, Ti ho invocato e Tu mi hai guarito. 4. Signore, Tu hai fatto risorgere la mia anima dalla tomba; Tu mi hai tenuto in vita perché non scendessi nella fossa. 5. Cantate al Signore, o Suoi fedeli, e lodate il Suo Santo Nome. 6. Perché il Suo furore dura un breve attimo, quando Egli è felice c'è lunga vita; quando si va a dormire nel dolore la notte, la felicità arriverà al mattino. 7. Nella mia sicurezza pensavo: "Non scivolerò mai". 8. Signore, con la Tua bontà hai reso forte la mia montagna; quando hai nascosto il Tuo volto ero preoccupato. 9. Ti ho chiamato, O Signore, e ho fatto una richiesta al mio Signore: 10. Che vantaggio c'è nella mia morte, nel mio scendere nella tomba? Può la polvere lodarTi? Può essa proclamare la Tua onestà? 11. Signore, ascolta e sii benevolo con me; Signore, sii un aiuto per me. 12. Hai trasformato il mio lutto in una danza; hai disfatto il mio sacco e mi hai costretto alla gioia. 13. Perciò l'anima mia canterà a Te e non resterà in silenzio; Signore mio Dio, ti loderò per sempre.

Trentuno

1. Per il Direttore, un Salmo di David. 2. In Te mi sono rifugiato, o Signore, non sarò mai umiliato; salvami nella Tua moralità. 3. Rivolgi il Tuo orecchio a me, salvami ora; sostienimi e proteggimi,

sii una fortezza e redimimi. 4. Perché Tu mi sostieni e sei il mio rifugio sicuro; per amore del Tuo Nome, conducimi e guidami. 5. Fammi uscire dalla trappola che mi hanno teso, perché Tu sei la mia fortezza. 6. Affido il mio spirito alla Tua mano; Tu mi riscatterai, Signore, Dio di verità. 7. Disprezzo coloro che trovano gioia nell'orgoglio inutile, ma confido nel Signore. 8. Mi rallegrerò e mi delizierò nella Tua bontà, perché hai visto le mie sofferenze, Tu conosci i problemi della mia anima. 9. Non mi hai messo nelle mani del nemico; Tu hai posto i miei piedi su un terreno spazioso. 10. Sii benevolo con me, O Signore, perché sto soffrendo; il mio occhio si consuma per il dolore, come pure la mia anima e il mio stomaco. 11. Perché la mia vita trascorre nella tristezza, i miei anni nel sospiro; la mia forza viene meno a causa della mia iniquità e le mie ossa si consumano. 12. A causa dei miei nemici sono diventato un'onta, una vergogna per i miei vicini e un timore per i miei amici; chi mi vede fuori, fugge da me. 13. Come un morto, sono stato dimenticato dal cuore; sono diventato come un oggetto perduto. 14. Perché ho sentito molti insultarmi, terrore da ogni parte, quando si sono uniti contro di me e hanno tramato per togliermi la vita. 15. Ma io ho confidato in te, O Signore; ho detto: "Tu sei il mio Dio". 16. I miei giorni sono nelle Tue mani; salvami dalle mani dei miei nemici e cacciatori. 17. Fa risplendere il Tuo volto sul Tuo servo; salvami nella la Tua bontà. 18. O Signore, non farmi vergognare, perché Ti ho chiamato; che i malvagi siano svergognati, che tacciano fino alla tomba. 19. Tacciano le labbra della menzogna, che parlano male del giusto, con arroganza e mancanza di rispetto. 20. Quanto è grande la bontà che Tu hai riservato a coloro che Ti servono; in presenza dell'uomo, Tu hai agito per coloro che cercano riparo in Te. 21. Nascondili dall'arroganza dell'uomo, al riparo del Tuo volto; nascondili al riparo dalle malelingue. 22. Benedetto il Signore, perché è stato miracoloso nella Sua bontà verso di me in una città assediata. 23. Nel mio sgomento ho detto: "Sono escluso dai Tuoi occhi!". Ma in verità, Tu hai ascoltato la voce delle mie suppliche quando Ti ho invocato. 24. Amate il Signore, voi tutti Suoi servi! Il Signore sta con i fedeli e ripaga accuratamente coloro che agiscono con arroganza. 25. Siate forti e fortificate i vostri cuori, voi tutti coloro che confidate nel Signore!

Trentadue

1. Di Davide, un salmo intellettuale. Fortunato colui il cui peccato è perdonato, il cui peccato è nascosto. 2. Beato l'uomo a cui il Signore non attribuisce alcun peccato e il cui spirito non dice menzogne. 3.

Quando tacevo, le mie membra si consumavano per il pianto durante tutto il giorno. 4. Giorno e notte la Tua mano era pesante su di me; il mio cuore divenne secco come la siccità dell'estate, per sempre. 5. Ti ho fatto conoscere il mio peccato, non ho coperto le mie malefatte. Ho detto: "Confesserò i miei peccati al Signore", e Tu hai perdonato l'immoralità del mio peccato per sempre. 6. Per questo ogni uomo giusto Ti prega, nel momento in cui Tu puoi essere trovato; così l'impeto del diluvio non lo raggiungerà. 7. Tu sei per me un rifugio sicuro; proteggimi dal mio dolore; circondami di canti di redenzione per sempre. 8. Vi illuminerò e vi istruirò sul cammino da seguire; vi consiglierò su ciò che ho visto. 9. Non siate come un cavallo o un mulo, insensato, a cui bisogna mettere il morso e le briglie quando viene sellato, in modo che non si avvicini a voi. 10. Molte sono le sofferenze dei malvagi, ma chi confida nel Signore è circondato di benevolenza. 11. Rallegratevi nel Signore e lodate, voi giusti! Cantate con gioia, tutti voi, buoni di cuore!

Trentatre

1. Cantate con gioia al Signore, voi giusti; ai retti si addice offrire lodi. 2. Lodate il Signore con l'arpa, cantate a Lui con la lira a dieci corde. 3. Cantate a

Lui un canto nuovo; suonate bene con suoni di gioia. 4. Perché la parola del Signore è giusta; tutte le sue azioni sono fatte con equità. 5. Egli ama la rettitudine e la giustizia; la grazia del Signore riempie la terra. 6. Con la parola del Signore sono stati fatti i cieli e con il soffio della Sua bocca tutti i loro abitanti. 7. Egli raccoglie le acque del mare in un cumulo; pone le acque degli abissi nelle Sue volte. 8. Tutta la terra tema il Signore, tutti gli abitanti del mondo tremino davanti a Lui. 9. Poiché Egli ha parlato e tutto è avvenuto; Lo ha comandato ed è successo. 10. Il Signore ha smesso di ammonire le nazioni; ha sventato i piani dei popoli. 11. La parola del Signore rimane per sempre, i pensieri del Suo cuore per tutte le generazioni. 12. Fortunata è la nazione il cui Dio è il Signore, il popolo che Egli ha scelto come eredità per Sé. 13. Il Signore guarda dal cielo, Egli osserva tutta l'umanità. 14. Dalla Sua dimora guarda con attenzione tutti gli abitanti della terra. 15. È Lui che plasma i cuori di tutti loro, Che osserva tutte le loro azioni. 16. Il re non viene salvato da un grande esercito, né il guerriero da una grande potenza. 17. Il cavallo è una falsa garanzia di vittoria; con tutta la sua grande forza, non offre scampo. 18. Ma l'occhio del Signore è rivolto a coloro che Lo servono, a coloro che sperano nella Sua benevolenza. 19. Per salvare la loro anima dalla morte e per sostenerli durante la carestia. 20. La nostra anima anela al Signore; Egli è il nostro aiuto e il nostro scudo. 21. Il nostro cuore si rallegrerà in Lui, perché abbiamo riposto la nostra fiducia nel Suo Santo Nome. 22. La Tua bontà, Signore, sia su di noi, poiché abbiamo riposto in Te la nostra speranza.

Trentaquattro

1. Di Davide, quando finse la sua pazzia davanti ad Avimelech, che poi lo cacciò via ed egli se ne andò. 2. Benedico il Signore in ogni momento; la Sua lode è sempre sulla mia bocca. 3. L'anima mia esulta nel Signore; l'umile lo ascolti e si rallegri. 4. Lodate il Signore con me e ammiriamo insieme il Suo Nome. 5. Ho cercato il Signore ed Egli mi ha risposto; mi ha liberato da tutte le mie paure. 6. Coloro che guardano a Lui sono sani; i loro volti non hanno mai vergogna. 7. Questo pover'uomo ha chiamato e il Signore lo ha ascoltato; Egli lo ha riscattato da tutte le sue afflizioni. 8. L'angelo del Signore si accampa intorno a coloro che Lo temono e li salva. 9. Gustate e vedete che il Signore è buono; fortunato è l'uomo che crede in Lui. 10. Temete il Signore, voi Suoi santi, perché chi Lo teme non soffre. 11. I giovani leoni possono volere e avere fame, ma a coloro che cercano il Signore non mancherà alcun bene. 12. Venite figli, ascoltatemi; vi insegnerò il

timore del Signore. 13. Chi è l'uomo che desidera la vita, che ama una lunga vita dove vede il bene? 14. Preserva la tua lingua dal male e le tue labbra dalla disonestà. 15. Allontanati dal male e fai il bene, cerca la pace e perseguila. 16. Gli occhi del Signore sono rivolti ai giusti e le Sue orecchie al loro grido. 17. L'ira del Signore è sui malfattori, per cancellare il loro ricordo dalla terra. 18. Ma quando si pentono e gridano, il Signore li ascolta e li salva da tutti i loro problemi. 19. Il Signore è vicino a chi ha il cuore spezzato e salva chi ha lo spirito abbattuto. 20. Molte sono le afflizioni di una persona giusta, ma il Signore la salva da tutte. 21. Egli protegge tutte le sue ossa; nessuna di esse si spezza. 22. Il male porta la morte sui malvagi e i nemici dei giusti sono condannati. 23. Il Signore riscatta l'anima dei Suoi servi; tutti coloro che si rifugiano in Lui non sono condannati.

Trentacinque

1. Di David. Colpisci i miei rivali, o Signore, combatti chi mi combatte. 2. Impugna lo scudo e l'armatura e alzati per aiutarmi. 3. Sfodera una lancia e apri la strada ai miei cacciatori; di' alla mia anima: "Io sono la tua redenzione". 4. Chi cerca la mia vita sia messo in imbarazzo e disonorato; chi cerca di danneggiarmi si ritiri e sia umiliato. 5. Che

siano come polvere nel vento; che l'angelo del
Signore li conduca lontano. 6. Che il loro cammino
sia oscuro e scivoloso; che siano inseguiti dall'angelo
del Signore. 7. Perché senza motivo mi hanno teso
le loro trappole nella fossa, senza motivo hanno
scavato tombe per la mia anima. 8. Che l'oscurità si
abbatta su di lui senza preavviso; che la stessa rete
che egli ha nascosto lo intrappoli e che nell'oscurità
cadrà in essa. 9. E la mia anima gioirà nel Signore,
celebrerà la Sua redenzione. 10. Tutto il mio essere
dichiarerà: Signore, chi è come Te? Chi salva il
povero da uno più forte di lui, il povero e l'indigente
da chi lo vuole derubare. 11. Falsi testimoni si
levano contro di me, mi chiedono cose che io non
conosco. 12. Essi mi ripagano male per bene, morte
per la mia anima. 13. Ma ho indossato abiti a lutto
quando loro erano malati; ho fatto soffrire la mia
anima con il digiuno. Che la mia preghiera ritorni
sul mio petto. 14. Come se questo fosse un mio
amico, mio fratello, andavo in giro; come una
madre in lutto, ero piegato dalla tristezza. 15. Ma
quando zoppicavo, si sono rallegrati e si sono
riuniti; uomini da nulla si sono radunati contro di
me, anche quelli che non conoscevo; ridevano e non
potevano stare tranquilli. 16. Con adulazione e
mancanza di rispetto, per amore di un pasto,
digrignano i denti contro di me. 17. Mio Signore,
fino a quando resterai a guardare? Salva la mia vita

dalle loro tenebre, salva la mia anima dai giovani leoni. 18. Ti ringrazierò in mezzo a molti popoli, Ti loderò in mezzo a una nazione potente. 19.Non lasciare che quelli che mi odiano senza motivo trionfino su di me; che non strizzino l'occhio coloro che mi odiano senza ragione. 20. Poiché non parlano di pace, anzi ordiscono trame malvagie contro i disperati del paese. 21. Hanno spalancato la bocca contro di me, hanno detto: "Ah! Ah! I nostri occhi hanno visto le sue sofferenze". 22. Hai visto il mio dolore, Signore, non tacere; mio Signore, non allontanarTi da me. 23. AlzaTi e risvegliaTi al mio giudizio, alla mia causa, mio Dio e mio Signore. 24. Giudicami secondo la Tua giustizia, Signore mio Dio; che non trionfino su di me. 25. Che non dicano in cuor loro: "Ah! Abbiamo ciò che desideravamo!" Che non dicano: "Lo abbiamo divorato!" 26. Siano svergognati e disonorati insieme, coloro che si rallegrano dei miei guai; siano coperti di vergogna e di umiliazione coloro che si alzano con arroganza su di me. 27. Coloro che desiderano la mia salvezza cantino con gioia e siano felici; dicano sempre: "Sia glorioso il Signore, che desidera la pace del Suo servo". 28. La mia lingua parlerà tutto il giorno della Tua giustizia, della Tua lode.

Trentasei

1. Per il Direttore, dal servo del Signore, di Davide.
2. Penso nel mio cuore che il peccato dica ai malvagi: "Non c'è nessuno che abbia bisogno di osservare il timore di Dio". 3. Perché il peccato si rende attraente, finché non si scopre la sua immoralità ed è odiato. 4. Il discorso della sua bocca è malvagio e disonesto; non riesce a ragionare, a migliorare. 5. Sul suo letto contempla il male, cammina in un sentiero malvagio; non disprezza la malvagità. 6. O Signore, la Tua bontà è nei cieli; la Tua fedeltà è fino ai cieli. 7. La Tua giustizia è come i monti potenti, i Tuoi giudizi si estendono fino al grande abisso; Tu redimi l'uomo e la bestia, o Signore. 8. Quanto è preziosa la Tua bontà, o Dio; gli uomini si rifugiano all'ombra delle Tue ali. 9. Saranno saziati dall'abbondanza della Tua casa; dal ruscello del Tuo Eden gli darai da bere. 10. Poiché la fonte della vita è presso di Te; nella Tua Luce vediamo luce. 11. Estendi la Tua bontà a coloro che Ti servono e la Tua giustizia ai buoni di cuore. 12. Non mi raggiunga il piede dell'arrogante, non mi allontani la mano del malvagio. 13. Là sono caduti i malvagi, spinti a terra, incapaci di rialzarsi.

Trentasette

1. Di David. Non discutete con il malvagio; non siate gelosi di chi commette ingiustizia. 2. Perché come l'erba essi saranno rapidamente recisi; come la vegetazione si seccheranno e moriranno. 3. Confidate nel Signore e fate il bene; così rimarrete sulla terra e sarete nutriti dalla fede. 4. Siate felici nel Signore, ed Egli vi concederà i desideri del vostro cuore. 5. Dite al Signore le vostre necessità; affidatevi a Lui ed Egli si prenderà cura di voi. 6. Egli rivelerà la vostra rettitudine come la luce, la vostra giustizia come il mezzogiorno. 7. Dipendete dal Signore e sperate in Lui. Non misuratevi con il ricco, con l'uomo che inventa piani malvagi. 8. Lasciate andare la rabbia, abbandonate l'ira; non confrontatevi con chi intende solo fare del male. 9. Perché i malfattori saranno abbattuti; ma quelli che sperano nel Signore, erediteranno la terra. 10. Perché presto il malvagio non ci sarà più; guarderete il suo posto ed egli se ne sarà andato. 11. Ma l'umile erediterà la terra e si delizierà in una pace abbondante. 12. L'empio trama contro il giusto e digrigna i denti contro di lui. 13. Il mio Signore ride di lui, perché Egli vede che verrà il suo giorno. 14. I malvagi hanno sguainato la spada e hanno piegato l'arco per colpire i poveri e gli indigenti, per massacrare coloro che sono onesti. 15. Ma la spada

entrerà nei loro cuori e i loro archi si spezzeranno. 16. Pochi giusti sono migliori di molti uomini ricchi malvagi. 17. Perché la forza del malvagio sarà spezzata ma il Signore sostiene il giusto. 18. Il Signore apprezza i giorni degli innocenti; la loro eredità durerà per sempre. 19. Non saranno svergognati in tempi di calamità e nei giorni di carestia saranno saziati. 20. Perché il malvagio perirà e i nemici del Signore sono come pecore all'ingrasso: saranno consumate, consumate nel fumo. 21. Il malvagio prende in prestito e non restituisce, ma il giusto è benevolo e dona. 22. Perché quelli che sono benedetti da Lui erediteranno la terra e quelli che sono maledetti da Lui saranno eliminati. 23. I passi dell'uomo sono diretti da Dio; Egli desidera la sua strada. 24. Quando egli inciampa non cadrà, perché il Signore sostiene la sua mano. 25. Sono stato giovane, sono anche invecchiato; eppure non ho visto il giusto abbandonato, né i suoi discendenti mendicare il pane. 26. Tutto il giorno egli è gentile e si presta; la sua discendenza è una benedizione. 27. Allontanatevi dal male e fate il bene e dimorerete in pace per sempre. 28. Poiché il Signore ama la giustizia, non abbandonerà i suoi giusti: essi sono protetti per sempre; ma la progenie degli empi viene eliminata. 29. I giusti erediteranno la terra e la abiteranno per sempre. 30. La bocca del giusto

pronuncia saggezza e la sua lingua parla di giustizia.
31. La legge di Dio è nel suo cuore; i suoi passi non
faranno nulla di male. 32. L'empio veglia sul giusto e
cerca di ucciderlo. 33. Ma il Signore non lascerà che
sia preso nelle sue mani, né lo condannerà quando
sarà giudicato. 34. Credete nel Signore e osservate la
sua via; allora egli vi eleverà per ereditare la terra.
Quando i malvagi saranno eliminati, lo vedrete. 35.
Vidi un malvagio potente, ben radicato come un
albero verde e del luogo. 36. Ma egli scomparve,
ecco che se ne andò; lo cercai, ma non lo trovai. 37.
Vigilate sull'innocente e osservate il retto, perché il
futuro di un tale uomo è la pace. 38. Ma i peccatori
saranno distrutti insieme; il futuro degli empi è
condannato. 39. La redenzione dei giusti viene dal
Signore; Egli è la loro luce in tempo di tenebre. 40. Il
Signore li aiuta e li riscatta; li riscatta dagli empi e li
salva, perché hanno riposto in Lui la loro fiducia.

Trentotto

1. Un salmo di David, per ricordare. 2. O Signore,
non rimproverarmi nella Tua ira, non punirmi nella
Tua collera. 3. Perché le Tue frecce si sono posate su
di me, la Tua mano è scesa su di me. 4. Non c'è
sicurezza per me a causa della Tua ira, non c'è pace
nelle mie ossa a causa del mio peccato. 5. Perché i
miei mali hanno sommerso il mio capo; come un

carico pesante, sono troppo pesanti per me. 6. Le mie ferite sono disgustose, puzzano a causa della mia stoltezza. 7. Sono curvo e oltremodo chinato; tutto il giorno vado in giro con la tristezza. 8. I miei fianchi sono infiammati; non c'è sicurezza per me. 9. Sono indebolito e molto depresso; gemo per il lamento del mio cuore. 10. Mio Signore, tutto ciò che desidero è davanti a Te; il mio dolore non Ti è nascosto. 11. Il mio cuore è sopraffatto; la mia forza mi ha abbandonato; anche la luce dei miei occhi non è mia. 12. I miei amici e compagni si allontanano dal mio dolore; i più intimi si allontanano. 13. I cacciatori della mia vita hanno teso trappole; coloro che cercano il mio dolore parlano di distruzione; pronunciano menzogne tutto il giorno. 14. Ma io sono come un sordo, non sento; come un muto che non apre la bocca. 15. Ero come un uomo che non capisce e nella cui bocca non ci sono smentite. 16. Perché io aspetto Te, O Signore; Tu risponderai, mio Signore, mio Dio. 17. Perché ho detto: "Che non trionfino su di me; quando il mio piede scivolerà, trionferanno su di me". 18. Perché sono abituato a zoppicare e soffro continuamente. 19. Perché ammetto il mio peccato; mi preoccupo a causa del mio peccato. 20. Ma i miei nemici prosperano nella vita; coloro che mi odiano senza motivo prosperano. 21. Coloro che ricambiano il male con il bene si risentono per la mia ricerca del bene. 22. Non abbandonarmi, o Signore, non allontanarti da me, mio Dio. 23. Accorri al mio fianco, o mio Signore, mio Redentore.

Trentanove

1. Per il Direttore, per il mio amico Yedutun, un salmo di David. 2. Ho detto che avrei protetto le mie vie dal peccare con la mia lingua; avrei protetto la mia bocca con una museruola, anche quando il malvagio sta davanti a me. 3. Sono diventato muto con il silenzio, sono stato tranquillo anche con i moralisti, anche se il mio dolore era opprimente. 4. Il mio cuore si è scaldato dentro di me, un fuoco divampava nella mia parola, mentre parlavo con la mia lingua. 5. O Signore, fammi conoscere la mia fine e qual è la misura dei miei giorni, affinché io sappia quando cesserò. 6. Ecco, in che misura Tu hai fissato i miei giorni; la mia vita è un nulla davanti a Te. Ma tutto è inutile, tutta l'esistenza dell'uomo, per sempre. 7. L'uomo cammina soltanto nelle tenebre, cercando solo l'inutilità; accumula ricchezza e non sa chi ne trarrà vantaggio. 8. E ora, qual è la mia speranza, mio Signore? Il mio desiderio sei Tu. 9. Salvami da tutti i miei peccati; non farmi deridere dagli immorali. 10. Sono muto, non apro la bocca, perché Tu hai causato la mia

sofferenza. 11. Allontana da me la Tua afflizione; sono devastato dall'attacco della Tua mano. 12. Per criticare il peccato, Tu hai umiliato l'uomo; come una falena, hai consumato ciò che è prezioso per lui. Tutta l'umanità non è altro che inutilità, per sempre. 13. Ascolta la mia preghiera, o Signore, ascolta il mio grido, non far tacere le mie lacrime, perché sono un estraneo vicino a Te, un ospite temporaneo come tutti i miei antenati. 14. Volgiti verso di me, affinché io possa recuperare le mie forze, prima che me ne vada e non sia più.

Quaranta

1. Per il Direttore, un salmo di David. 2. Ho riposto la mia fiducia nel Signore; Egli si è rivolto a me e ha ascoltato il mio pianto. 3. Mi ha sollevato dalla fossa tempestosa, dal fango viscido e ha posto i miei piedi su una roccia, ha reso stabili i miei passi. 4. Ha messo un canto nuovo sulla mia bocca, un inno al nostro Dio; molti vedranno, temeranno e confideranno nel Signore. 5. Fortunato l'uomo che ha fatto del Signore il suo credo e non si è rivolto agli arroganti, né a coloro che si allontanano dalla verità. 6. Tu hai fatto molto, Signore mio Dio, i Tuoi prodigi e i Tuoi pensieri ci sono utili; nessuno può essere paragonato a Te; se dovessi raccontare o parlare dei Tuoi miracoli, sono troppo numerosi per

essere raccontati! 7. Non hai voluto né sacrifici né offerte di cibo, Tu hai aperto le orecchie per me; non hai chiesto né l'olocausto né l'offerta per il peccato. 8. Allora io dissi: "Ecco, vengo con un rotolo del Libro scritto per me". 9. Desidero compiere la Tua volontà, mio Dio, e la Tua legge mi è nota a memoria. 10. Ho dichiarato la Tua moralità in un grande gruppo; ecco, non chiuderò le mie labbra, O Signore, Tu sai! 11. Non ho nascosto la Tua moralità nel mio cuore; ho dichiarato la Tua fedeltà e la Tua redenzione; non ho nascosto la Tua bontà e la Tua verità al grande gruppo. 12. Che tu, Signore, non mi neghi le Tue misericordie; che la Tua bontà e la Tua verità mi custodiscano costantemente. 13. Perché innumerevoli mali mi circondano; i miei peccati mi hanno sopraffatto e non riesco a vedere; sono più numerosi dei capelli del mio capo e il mio cuore mi ha abbandonato. 14. Che sia gradito a Te, Signore, salvarmi; o Signore, accorri in mio aiuto. 15. Coloro che danno la caccia alla mia vita, per porvi fine, siano insieme disprezzati e umiliati; coloro che desiderano il mio male se ne vadano e siano disonorati. 16. Che coloro che dicono di me: "Ah! Ah!" siano isolati, in cambio della loro vergogna di me. 17. Che tutti coloro che Ti cercano si rallegrino e siano orgogliosi di Te; che coloro che amano la Tua redenzione dicano sempre: "Sii glorioso, O Signore!". 18. Quanto a me, sono povero e bisognoso; il mio Signore penserà a me. Tu sei il mio aiuto e il mio salvatore; mio Dio, non tardare!

Quarantuno

1. Per il Direttore, un salmo di David. 2. Fortunato colui che pensa al povero, perché il Signore lo salverà nel giorno del male. 3. Il Signore lo proteggerà e lo manterrà in vita; sarà lodato in tutto il paese; Tu non lo consegnerai ai suoi nemici. 4. Il Signore lo sosterrà sul letto della malattia; nella sua malattia il Signore gli restituirà la salute. 5. Ho detto: "Signore, sii buono con me! Guarisci la mia anima, perché ho peccato contro di Te!" 6. I miei nemici dicono che il male mi attende: "Quando egli morirà e quando perirà il suo nome?" 7. E se qualcuno viene da me e parla in modo disonesto, perché il suo cuore accumula immoralità per sé, e quando esce ne parla. 8. Insieme mormorano contro di me, tutti i miei nemici; tramano contro di me il mio male, dicendo: 9. "Che le sue azioni malvagie si riversino su di lui; ora che si è disteso, non si alzerà più". 10. Anche il mio amico di cui mi fidavo che ha mangiato il mio pane, ha alzato il piede su di me. 11. Ma Tu, Signore, sii gentile con me e sollevami e io li ripagherò. 12. Con questo saprò che Tu mi desideri, quando i miei nemici non grideranno di gioia per

me. 13, E io, a causa della mia onestà, Tu mi hai sostenuto; mi hai posto davanti a Te per sempre. 14. Benedetto è il Signore. il Dio di Israele, per tutta l'eternità, Amen e Amen.

Secondo libro

Quarantadue

1. Per il Direttore, un salmo intellettuale dei figli di Korach. 2. Come il cervo grida con bramosia per i corsi d'acqua, così la mia anima piange bramando Te, O Dio. 3. La mia anima ha sete di Dio, del Dio vivente. Quando arriverò a vedere il volto di Dio? 4. Le mie lacrime sono state il mio pane giorno e notte, quando mi dicono: "Dov'è il tuo Dio?" 5. Queste cose racconto ed espongo la mia anima: come sono andato a Gerusalemme su carri coperti; ho camminato tranquillamente con loro fino alla Casa di Dio, tra i suoni di gioia e ringraziamento, una folla in festa. 6. Perché sei triste, anima mia, e perché piangi dentro di me? Spera in Dio, perché io Lo ringrazierò ancora per la salvezza del Suo volto. 7. Mio Dio! L'anima mia è triste per me, perché Ti ricordo dalla terra del Giordano e dalle cime dell'Ermon, dal monte Mitzar. 8. Il mare chiama il mare alla marea dei Tuoi corsi; tutti i Tuoi frangenti e le Tue onde mi hanno travolto. 9. Di giorno il Signore proclama la Sua bontà e di notte il Suo canto è con me, una preghiera al Dio della mia vita. 10. Io dico a Dio, Colui Che mi sostiene: "Perché mi hai dimenticato? Perché devo camminare con

timore sotto il dominio del nemico?" 11. Come una spada nelle mie ossa, i miei nemici mi confondono quando mi dicono: "Dov'è il tuo Dio?" 12. Perché sei turbata, anima mia, e perché piangi dentro di me? Spera in Dio, perché io Lo ringrazierò ancora. Lui è la mia salvezza, la luce del mio volto e il mio Dio.

Quarantatre

1. Vendicami, o Dio, e sostieni la mia causa contro una nazione malvagia; salvami dagli uomini disonesti e malvagi. 2. Poiché Tu sei il Dio della mia potenza; perché mi hai abbandonato? Perché devo camminare nell'oscurità sotto il dominio del nemico? 3. Mostrami la Tua luce e dimmi la Tua verità, queste mi guideranno; mi condurranno al Tuo santo monte e ai tuoi templi. 4. Allora verrò all'altare di Dio - a Dio, causa della mia gioia - e Ti loderò con la lira, o Dio, mio Dio. 5. Perché ti agiti, anima mia, e perché piangi dentro di me? Credi in Dio, perché Lo ringrazierò ancora; Egli è la mia redenzione, la luce del mio volto e il mio Dio.

Quarantaquattro

1. Per il Direttore, dai figli di Korach, un salmo intellettuale. 2. Dio, con le nostre orecchie abbiamo

udito, i nostri padri ci hanno raccontato delle opere che Tu hai compiuto ai loro giorni, nei giorni antichi. 3. Hai scacciato le nazioni con la Tua mano e piantato Israele al loro posto; hai causato sofferenza alle nazioni e le hai bandite. 4. Perché non hanno ereditato la terra con la loro spada, e il loro braccio non li ha salvati, ma la con la Tua giusta mano, il Tuo braccio e la luce del Tuo volto - perché Tu li hai favoriti. 5. Tu sei il mio re, o Dio; decreta il salvataggio di Giacobbe. 6. Attraverso di Te pugnaleremo i nostri nemici; con il Tuo Nome calpesteremo i nostri avversari. 7. Perché non confido nel mio arco, e la mia spada non può salvarmi. 8. Perché Tu ci hai salvati dai nostri avversari e hai svergognato chi ci odia. 9. In Dio celebriamo tutto il giorno, e per sempre benediciamo il Tuo Nome, contemplalo. 10. Anche se Tu ci abbandoni e ci copri di vergogna e non esci con i nostri eserciti. 11. Tu ci fai arrendere all'avversario e coloro che ci odiano prendono per sé. 12. Ci dai via come pecore da divorare e ci disperdi tra le nazioni. 13. Tu vendi la Tua nazione senza profitto e non imponi loro un prezzo elevato. 14. Tu fai di noi una disgrazia per i nostri vicini, il ridicolo e lo scherno di coloro che ci circondano. 15. Ci rendi infami tra le nazioni, motivo di cenno del capo tra i popoli. 16. Tutto il giorno sono umiliato e la vergogna del mio volto mi ricopre. 17. Alla voce di chi insulta e di chi maledice, a causa del nemico e del vendicatore. 18. Tutto questo ci è accaduto, eppure non Ti abbiamo dimenticato, né abbiamo tradito il Tuo patto con noi. 19. I nostri cuori non sono andati contro il patto, né i nostri passi hanno abbandonato la Tua via. 20. Anche quando ci hai schiacciato al posto dei serpenti e ci hai avvolti nell'ombra della morte. 21. Abbiamo dimenticato il Nome del nostro Dio e servito un dio straniero? 22. Non è forse vero che Dio può giudicarlo, perché Egli conosce i segreti del cuore. 23. Perché è per Te che veniamo uccisi continuamente; siamo considerati agnelli da macello. 24. DestaTi! Perché dormi, mio Signore? SvegliaTi! Non abbandonarci per sempre! 25. Perché nascondi il Tuo volto e dimentichi la nostra sofferenza e la nostra pena? 26. Poiché le nostre anime sono piegate nella polvere, i nostri ventri aderiscono alla terra. 27. DestaTi! Sii al nostro fianco e riscattaci per amore della Tua bontà.

Quarantacinque

1. Per il Direttore, sui saggi studiosi, dai figli di Korach; un salmo intellettuale, una canzone d'amore. 2. Il mio cuore è confuso con un'idea morale; io dico: "il mio canto è per il re; la mia lingua è la penna di un abile scrivano." 3. Sei il più bello tra gli uomini, il fascino si riversa sulle tue

labbra; quindi, Dio ti ha benedetto per sempre. 4. Metti la tua spada sulla tua coscia, o potente - è la tua maestà e il tuo splendore. 5. E con il tuo splendore, vinci e continua a vivere per amore della verità e della giustizia; e la tua mano destra ti guiderà a grandi azioni. 6. Le tue frecce sono affilate - le nazioni cadono ai tuoi piedi - le frecce cadono nei cuori dei rivali del re. 7. Il tuo trono, o sovrano, è per sempre, poiché lo scettro della giustizia è lo scettro del tuo regno. 8. Tu ami la moralità e odi il male, quindi Dio, il tuo Dio, ti ha unto con olio di gioia al di sopra dei tuoi simili. 9. Tutte le tue vesti sono profumate di vari profumi, dai palazzi d'avorio gli strumenti a corda ti hanno allietato. 10. Le figlie dei re ti visitano, e la regina è in piedi alla tua destra, adorna dell'oro finissimo di Ofir. 11. Ascolta, o figlia, e osserva, porgi il tuo orecchio, dimentica il tuo popolo e la casa di tuo padre. 12. Allora il re ammirerà la tua bellezza. Egli è il tuo padrone - inchinati a lui. 13. La figlia di Tiro, la più ricca tra le nazioni, cercherà il tuo favore con un dono. 14. Tutta la gloria della principessa è dentro; le sue vesti superano i paramenti d'oro. 15. In vesti ricamate sarà portata al re; le fanciulle al suo seguito, le sue conoscenti, saranno condotte a te. 16. Saranno portate con felicità e gioia; entreranno nel palazzo del re. 17. I tuoi figli succederanno ai tuoi padri; li nominerai ministri di tutto il paese. 18. Farò in modo che il Tuo Nome sia ricordato da tutte le generazioni; allora le nazioni Ti loderanno nei secoli dei secoli.

Quarantasei

1. Per il Direttore, dai figli di Korach, accompagnato da uno strumento, un canto. 2. Dio è il nostro porto sicuro e la nostra forza, un aiuto nel momento del bisogno, è sempre pronto. 3. Pertanto, non avremo paura quando la terra sarà cambiata, quando le montagne crolleranno nel cuore dei mari. 4. Quando le sue acque infuriano e sono torbide, e le montagne tremano davanti al Suo potere, per sempre. 5. Il fiume - i suoi ruscelli porteranno gioia alla città di Dio, la santa dimora dell'Altissimo. 6. Dio è in mezzo a lei; non cadrà; Dio l'aiuterà all'alba. 7. Le nazioni si sono sollevate, i regni sono stati scossi; Egli alza la Sua voce e la terra si dissolve. 8. Il Signore degli eserciti è con noi; il Dio di Giacobbe è il nostro porto sicuro per sempre. 9. Andate e vedete le opere del Signore, Che ha devastato le terre. 10. Egli fa cessare le guerre fino agli estremi confini della terra; spezza l'arco, spezza la lancia e dà fuoco al carro. 11. Fermate la guerra! E sappiate che Io sono Dio; Io sarò lodato tra le nazioni, lodato in tutto il mondo. 12. Il Signore degli eserciti è con noi;

il Dio di Giacobbe è il nostro porto sicuro per sempre.

Quarantasette

1. Per il Direttore, un salmo dai figli di Korach. 2. Voi nazioni tutte applaudite; suonate lo shofar a Dio con un suono di gioia. 3. Poiché il Signore è alto, Egli è imponente; un Re illimitato su tutta la terra. 4. Pone i popoli sotto di noi, le nazioni sotto i nostri piedi. 5. Egli sceglie per noi la nostra eredità, la gloria di Giacobbe che ama per sempre. 6. Dio ascende attraverso il suono della tromba, il Signore - attraverso il suono dello shofar. 7. Cantate, o cantate a Dio; cantate, o cantate al nostro Re. 8. Poiché Dio è Re su tutta la terra; cantate, o uomini di conoscenza. 9. Dio regna sulle nazioni; Dio è seduto sul Suo trono divino. 10. La più nobile delle nazioni è riunita, la nazione del Dio di Abramo; poiché i protettori della terra appartengono a Dio; Egli è grande.

Quarantotto

1. Un canto, un salmo dai figli di Korach. 2. Il Signore è grande ed estremamente lodato nella città di Dio, il Suo monte santo. 3. Bello nel paesaggio, la gioia di tutta la terra è il Monte Sion, sulle pendici

settentrionali, la città del grande Re. 4. Nelle sue fortezze, Dio fu conosciuto come un pilastro del potere. 5. Perché ecco, i re si sono riuniti, hanno attaccato all'unisono per invaderla. 6. Essi hanno visto i miracoli dell'Onnipotente e sono rimasti sbalorditi, erano terrorizzati, fuggirono rapidamente. 7. Un tremito li colse in quel luogo, spasimi come quelli di una donna nell'intenso dolore del travaglio. 8. Furono schiacciati come da un vento d'oriente che frantuma le navi di Tarshish. 9. Come abbiamo udito, così abbiamo visto, nella città del Signore degli Eserciti, nella città del nostro Dio, possa Dio stabilirlo per tutta l'eternità. 10. Dio, noi abbiamo sperato che la Tua bontà si rivelasse alla presenza del Tuo popolo. 11. Come grande è il Tuo nome, o Dio, così è la Tua lode fino ai confini della terra; La tua mano destra è piena di moralità. 12. Fa festa il monte Sion, esultano le città di Giuda, a motivo dei Tuoi giudizi. 13. Gira intorno a Sion, circondala, conta le sue torri. 14. Ispeziona bene le sue fortificazioni, osserva le sue alte fortezze, affinché tu possa consegnarle a una generazione successiva. 15. Poiché questo Dio è il nostro Dio nei secoli dei secoli; Ci guiderà in eterno.

Quarantanove

1. Per il Direttore, dai figli di Korach, un salmo. 2. Ascoltate questo, tutti voi popolo, ascoltate, tutti voi abitanti del mondo. 3. Figli di contadini e figli della nobiltà, ricchi e poveri insieme. 4. La mia bocca parla con saggezza e i pensieri del mio cuore sono sapienti. 5. Porgo il mio orecchio alla morale; canterò il mio enigma sull'arpa. 6. Perché ho paura nei momenti di preoccupazione quando l'ingiustizia dei miei nemici mi circonda? 7. Ci sono quelli che si affidano alla loro vasta ricchezza, che si vantano delle loro grandi ricchezze. 8. Tuttavia un uomo non può redimere suo fratello, né pagare il suo riscatto a Dio. 9. La redenzione della loro anima è troppo costosa e sempre irraggiungibile. 10. Si può vivere per sempre, senza mai vedere la tomba? 11. Anche se si vede che gli uomini intelligenti muoiono, che lo sciocco e l'insensato periscono entrambi, lasciando la loro ricchezza agli altri. 12. Tuttavia, nelle loro menti le loro case dureranno per sempre, le loro dimore di generazione in generazione; essi hanno proclamato i loro nomi in tutte le terre. 13. Ma l'uomo non riposerà nella gloria; è come gli animali che sono silenziosi. 14. Questa è la loro via - la loro stupidità rimane con loro e i loro discendenti approvano la loro parola, per sempre. 15. Come pecore, sono destinati alla

tomba, la morte sarà il loro pastore e il virtuoso li dominerà notte e giorno. Il loro corpo marcirà nella tomba, lontano da casa. 16. Ma Dio salverà la mia anima dalle mani della tomba, perché Lui mi porterà via, per sempre. 17. Non temere quando un uomo si arricchisce, quando la gloria della sua casa aumenta. 18. Perché quando morirà non porterà nulla con sé; la sua fortuna non lo seguirà. 19. Perché solo lui loda sé stesso durante la sua vita; ma tutti loderanno te se migliori te stesso. 20. Lui arriverà alla generazione dei suoi padri; essi non vedranno la luce per tutta l'eternità. 21. L'uomo può vivere nella gloria ma non comprende; è come gli animali silenziosi.

Cinquanta

1. Un salmo di Asaf il corista. Dio onnipotente, il Signore, ha parlato e ha chiamato la terra, dal sorgere del sole al suo tramontare. 2. Dentro e fuori Sion, il luogo di perfetta bellezza, Dio è apparso. 3. Il nostro Dio arriverà e non rimarrà in silenzio; un fuoco infurierà davanti a Lui, intorno a Lui divampa la tempesta. 4. Egli chiamerà i cieli in alto e la terra, per vendicare il Suo popolo. 5. "Radunate i Miei fedeli, coloro che hanno fatto con me un patto attraverso un sacrificio." 6. Allora i cieli proclamarono la Sua lode, perché Dio è il Giudice

per sempre. 7. "Ascolta, mio popolo, e Io parlerò; o Israele, e Io testimonierò contro di te - Io sono Dio, il tuo Dio. 8. Non per la mancanza dei tuoi sacrifici Io ti disprezzerò, né ti rimprovererò per l'assenza di olocausti che dovrebbero essere continuamente davanti a Me. 9. Io non prendo buoi dalla tua casa, né capre dai tuoi recinti. 10. Perché ogni bestia della foresta è Mia, il bestiame di mille monti. 11. Io conosco ogni uccello delle montagne e i rettili del campo sono nel Mio. 12. Se io fossi affamato, per quale ragione te lo direi? Poiché Il mondo e tutto in esso è mio. 13. Mangio Io la carne di tori o bevo il sangue di capre? 14. Dona offerte di confessione come sacrificio a Dio e mantieni le tue promesse a Colui che è in Alto. 15. E chiamaMi nel giorno della tua sofferenza; Io ti libererò e tu Mi servirai. 16. Ma al malvagio, Dio dice: "A cosa ti serve discutere le Mie leggi e parlare del Mio patto con le tue labbra? 17. Perché tu odi la disciplina e butti le Mie parole alle tue spalle. 18. Quando vedi un ladro rubi con lui e la tua sorte è con gli adulteri.

19. Tu parli con i malvagi e attacchi la tua lingua alla disonestà. 20. Ti siedi per parlare contro tuo fratello; Insulti il figlio di tua madre. 21. Hai fatto queste cose e Io sono rimasto in silenzio, così tu immagini che Io sia come te - ma Io ti disprezzerò e lo renderò chiaro ai tuoi occhi. 22. Comprendilo ora, tu che dimentichi Dio, perché Io non ti faccia a

pezzi e che non ci sia nessuno a salvarti. 23. Colui che offre un sacrificio di confessione Mi rispetta; e a chi raddrizza la sua via, Io mostrerò la redenzione di Dio."

Cinquantuno

1. Per il Direttore del coro, un Salmo di David. 2. Quando Nathan il profeta si presentò a lui dopo essere andato a Batsheva. 3. Sii buono con me, o Dio, secondo la Tua bontà; secondo la Tua grande compassione, cancella i miei peccati. 4. Purificami completamente dalla mia azione malvagia e dal mio peccato. 5. Perché io so di aver sbagliato e il mio peccato è sempre davanti ai miei occhi. 6. Solo contro di Te io ho peccato e ho fatto ciò che è male ai Tuoi occhi; perdonami in modo che Tu sia giusto nel Tuo verdetto, corretto nel Tuo giudizio. 7. Infatti, sono stato generato nell'immoralità e mia madre mi ha concepito nel peccato. 8. In effetti, Tu desideri la verità nelle parti più profonde; insegnami la saggezza delle cose segrete. 9. Rimuovi velocemente il male da me con l'erba di issopo e io sarò puro; purificami e io sarò più bianco della neve. 10. Fammi sentire parole di gioia e contentezza; allora le ossa che Tu hai spezzato gioiranno. 11. Nascondi il Tuo volto dai miei peccati e cancella tutte le mie malefatte. 12. Crea in me un cuore puro,

o Dio, e rinnova per me uno spirito buono. 13. Non allontanarmi dalla Tua presenza e non togliermi il Tuo spirito di Santità. 14. Restituiscimi la gioia della Tua redenzione e sostienimi con uno spirito di nobiltà. 15. Insegnerò ai malvagi a seguire le Tue vie, e i peccatori torneranno a Te. 16. Salvami dalla morte, O Dio, Dio della mia redenzione; la mia lingua canterà la Tua virtù. 17. Mio Signore, apri le mie labbra e la mia bocca dichiarerà la Tua lode. 18. Perché Tu non desideri che io porti sacrifici e non desideri che io offra olocausti. 19. L'offerta desiderabile a Dio è uno spirito apologetico, un cuore dispiaciuto e spezzato, Dio, Tu non lo ignori. 20. Nella Tua benevolenza concedi il successo a Sion, ricostruisci le mura di Gerusalemme. 21. Allora Tu desidererai sacrifici offerti in moralità, offerte pure e altri olocausti; allora essi faranno molte offerte sul Tuo altare.

Cinquantadue

1. Al Direttore, un salmo intellettuale di David. 2. Quando Doeg l'Edomita venne ad informare Saul, gli disse: "David è giunto alla casa di Achimelech". 3. Perché ti vanti della tua malvagità, o uomo potente? La bontà di Dio è per sempre. 4. La tua bocca trama il male; come un rasoio affilato compie immoralità. 5. Tu ami il male più del bene, la falsità

più della verità, per sempre. 6. Tu ami tutte le parole malvage, una lingua disonesta. 7. Perciò, Dio ti distruggerà per sempre; Egli ti toglierà e ti strapperà dalla tenda, ti sradicherà dalla terra dei viventi per sempre. 8. I giusti lo vedranno e saranno in soggezione, e rideranno di lui. 9. "Ecco l'uomo che non ha fatto di Dio il suo scudo, ma ha confidato nelle sue grandi ricchezze e ha tratto forza dal suo male". 10. Ma io sono come un giovane ulivo nella casa di Dio; confido nella bontà di Dio per sempre. 11. Ti ringrazierò per sempre per quello che hai fatto; spererò nel Tuo Nome, perché Tu sei buono con i Tuoi giusti.

Cinquantatre

1. Per il Direttore, suonato con la lira, un salmo intellettuale di David. 2. Lo stolto dice in cuor suo: "Non c'è alcun Dio!" Essi hanno agito malvagiamente e commesso azioni ripugnanti; nessuno di loro fa il bene. 3. Dio guardò l'umanità dal cielo, per vedere se c'era qualche uomo intelligente che Lo cercasse. 4. Ma nessuno Lo cercava; sono diventati corrotti; nessuno di loro fa il bene, nemmeno uno. 5. Infatti, i malfattori che divorano il Mio popolo come divorano il pane, che non invocano Dio, se ne renderanno conto. 6. Allora saranno sopraffatti dallo spavento; uno

spavento mai provato prima d'ora; perché Dio disperde le ossa di coloro che sono contro di voi. Li avete umiliati, perché Dio li ha respinti. 7. Oh, se da Sion venisse la redenzione di Israele! Quando Dio toglierà dalla cattività il suo popolo, Giacobbe festeggerà, Israele gioirà.

Cinquantaquattro

1. Per il direttore del Coro, con musica strumentale, un salmo intellettuale di David. 2. Quando gli Zifiti vennero a dire a Saul: "Ecco, Davide si nasconde tra noi!". 3. O Dio, proteggimi con il Tuo Nome e concedimi un giudizio corretto con la Tua potenza. 4. Dio, ascolta la mia preghiera, ascolta le parole della mia bocca. 5. Perché degli stranieri sono insorti contro di me e uomini spietati hanno cercato la mia anima; non conoscono Dio, per sempre. 6. Ecco, Dio è al mio fianco; il mio Signore è con coloro che sostengono la mia anima. 7. Egli ripagherà la malvagità dei miei vigili nemici; distruggili secondo la Tua verità. 8. Con un'offerta libera sacrificherò a Te; renderò grazie al Tuo nome, O Signore, perché è cosa buona. 9. Perché Egli mi ha salvato da ogni difficoltà e il mio occhio ha visto la sconfitta del mio nemico.

Cinquantacinque

1. Per il Direttore, con musica strumentale, un salmo intellettuale di David. 2. Ascolta la mia preghiera, o Signore, non ignorare le mie suppliche. 3. Accorgiti di me e rispondimi, mentre gemo nel mio dolore e nel mio lamento. 4. A causa del grido del nemico e dell'oppressione dei malvagi, perché essi mi accusano di immoralità e mi odiano ardentemente. 5. Il mio cuore trema dentro di me e i terrori della morte sono scesi su di me. 6. Paura e tremore mi assalgono e sono sopraffatto dall'orrore. 7. E ho detto: "Se solo avessi le ali come la colomba! Volerei via e troverei la salvezza". 8. Ecco, vorrei vagare lontano e dimorare nel deserto per sempre. 9. Mi affretterei a trovare un riparo dal vento burrascoso, dalla tempesta". 10. Confondili, o Signore, spacca la loro lingua, perché ho visto violenza e caos nella città. 11. Giorno e notte essi la circondano lungo le sue mura e il male e la corruzione sono in mezzo ad essa. 12. Il male è in essa, frode e disonestà non si allontanano mai dalla sua piazza. 13. Perché non è il nemico che mi deride, cosa che potrei sopportare; né è il nemico che si alza contro di me, da cui potrei nascondermi. 14. Ma sei tu, un uomo uguale a me, mia guida e mio intimo amico. 15. Insieme abbiamo ricevuto un grande consiglio; abbiamo camminato con la folla

fino alla casa di Dio. 16. Che Egli porti la morte su di loro, che li faccia scendere vivi nella fossa, perché c'è il male nelle loro case, dentro di loro. 17. Quanto a me, io mi rivolgo a Dio e il Signore mi proteggerà. 18. Sera, mattina e mezzogiorno, io grido e gemo, ed Egli ascolta la mia voce. 19. Egli ha riscattato la mia anima in pace dalle battaglie contro di me, a causa dei molti che erano con me. 20. Che Dio, Colui che è sul trono dai tempi antichi, per sempre, possa ascoltare e umiliare coloro che non cambiano e che non temono Dio. 21. Egli ha teso le mani contro i suoi alleati, ha violato l'accordo. 22. Più morbide del burro sono le parole della sua bocca, ma la guerra è il desiderio più grande del suo cuore, le sue parole sono più lisce dell'olio, eppure sono maledizioni. 23. Affidate il vostro lavoro al Signore ed Egli vi sosterrà; Egli non lascerà mai cadere l'uomo giusto. 24. E Tu, o Dio, li farai precipitare nella fossa della distruzione; gli uomini sanguinari e malvagi non vivranno la metà dei loro giorni, ma io confiderò in Te.

Cinquantasei

1. Per il Direttore del Coro, della colomba muta e lontana. Un salmo prezioso, di David, quando i Filistei lo catturarono a Gath. 2. Trova grazia in me, O Dio, perché l'uomo desidera divorarmi; il

guerriero mi opprime ogni giorno. 3. I miei nemici vigili desiderano divorarmi ogni giorno, poiché molti mi attaccano, o Altissimo! 4. Nel giorno del mio timore, io dono la mia vita a Te. 5. Confido in Dio e lodo la Sua parola; confido in Dio, non ho timore, cosa può farmi un uomo di carne? 6. Ogni giorno essi rendono dolorose le mie parole; tutti i loro pensieri su di me sono per il male. 7. Si riuniscono e si nascondono, sorvegliano i miei passi, quando sperano di catturare la mia anima. 8. La fuga dovrebbe essere la ricompensa per il loro crimine? Distruggi le nazioni con ira, o Dio! 9. Hai tenuto conto dei miei viaggi; metti le mie lacrime nel Tuo calice, non sono forse nel Tuo registro? 10. Quando i miei nemici si ritireranno nel giorno in cui griderò, da questo saprò che Dio è con me. 11. Quando Dio agisce con durezza, io lodo la Sua parola; quando il Signore agisce con compassione, io lodo la Sua parola. 12. In Dio confido, non ho paura, cosa può farmi un uomo? 13. I miei voti a Te sono su di me, o Dio; Ti ripagherò con offerte di ringraziamento. 14. Perché Tu hai salvato la mia anima dalla morte, anche i miei piedi dall'inciampo, per camminare davanti a Dio nella luce della vita.

Cinquantasette

1. Per il Direttore, una richiesta per essere risparmiati dalla distruzione. Da Davide, un salmo prezioso, quando fuggì da Saul nella grotta. 2. Favoriscimi, o Dio, favoriscimi, perché in Te la mia anima si è messa al sicuro e all'ombra delle Tue ali mi nasconderò finché non passerà la sciagura. 3. Mi rivolgerò a Dio, l'Altissimo; all'Onnipotente che rispetta la Sua promessa a me. 4. Egli manderà dal cielo e mi salverà dal disagio di coloro che desiderano divorarmi, per sempre; Dio mostrerà la Sua bontà e la Sua verità. 5. La mia anima è in mezzo ai leoni, giaccio tra uomini che sputano fuoco; i loro denti sono lance e frecce, la loro lingua una spada affilata. 6. Sii solenne in alto nei cieli, o Dio; la Tua gloria sia su tutta la terra. 7. Hanno teso una trappola ai miei passi, la mia anima è prostrata; hanno scavato una fossa davanti a me, ma essi stessi vi sono caduti dentro, per sempre. 8. Il mio cuore non cambia, o Dio, il mio cuore non cambia; canterò e reciterò le lodi. 9. Svegliati, anima mia! Svegliati, o arpa e lira! Risveglierò l'alba. 10. Ti ringrazierò tra le nazioni, mio Signore; Ti loderò tra i popoli. 11. Perché la Tua bontà arriva fino ai cieli, la Tua verità fino ai cieli. 12. Sii maestoso in alto nei cieli, o Dio, fai che la Tua gloria sia conosciuta su tutta la terra.

Cinquantotto

1. Per il Conduttore, una supplica per essere risparmiati dalla distruzione; per David, un salmo prezioso. 2. È vero che tu taci piuttosto che parlare di giustizia? Invece di giudicare gli uomini con equità? 3. Anche con il tuo cuore provochi ingiustizia sulla terra; giustifichi la violenza delle tue mani. 4. I malvagi sono alienati fin dalla nascita; fin dal grembo materno sono abbandonati coloro che diffondono falsità. 5. Il loro veleno è come il veleno di un serpente; come la vipera sorda che chiude l'orecchio. 6. Così da non sentire la voce dei maghi, anche dei più abili stregoni. 7. O Dio, spezza i denti nella loro bocca; spezza le zanne dei giovani leoni, o Signore. 8. Che evaporino come l'acqua e scompaiano; quando Egli punta le Sue frecce, che possano sgretolarsi. 9. Come la lumaca che si scioglie mentre avanza, come aborto di donna, non vedranno mai il sole. 10. Prima che i vostri vasi possano sentire il dolore delle spine, Egli li spazzerà via, come qualcuno che li estirpa con vigore e ira. 11. Il giusto farà festa quando vedrà la vendetta; immergerà i suoi piedi nel sangue del malvagio. 12. E l'umanità dirà: "C'è davvero una ricompensa per il giusto; c'è davvero un Dio che giudica sulla terra".

Cinquantanove

1. Per il Direttore, una richiesta di essere risparmiato dalla distruzione, un salmo prezioso di David, quando Saul inviò degli uomini ed essi circondarono la sua casa per ucciderlo. 2. Salvami dai miei nemici, mio Dio, innalzami al di sopra di coloro che si sollevano contro di me. 3. Salvami dal male, salvami dagli assassini. 4. Perché ecco che stanno in agguato per catturare l'anima, i potenti, e si radunano contro di me, non a causa del mio peccato o delle mie malefatte, o Signore. 5. Senza male da parte mia, corrono e si preparano - destati per aiutarmi e guarda! 6. E Tu, Signore, Dio degli Eserciti, Dio di Israele, destati e ricordati di tutte le nazioni, non concedere il favore a nessuno dei traditori malvagi, per sempre. 7. Essi ritornano alla sera, abbaiano come il cane e circondano la città. 8. Ecco, sputano dalle loro bocche, come se le loro labbra fossero spade, perché dicono: "Chi ascolta?". 9. Ma tu, Signore, Tu ridi di loro; Ti fai beffe di tutte queste nazioni. 10. A causa del suo potere, io aspetto Te, perché Dio è il mio rifugio sicuro. 11. Il Dio gentile conoscerà i miei bisogni prima di me; Dio mi mostrerà la caduta dei miei attenti nemici. 12. Non ucciderli, perché la mia nazione se ne dimentichi; scacciali con la Tua forza e falli soffrire, o nostro protettore, mio Padrone. 13. Per il peccato

della loro bocca, per la parola delle loro labbra; siano intrappolati dal loro egoismo. Alla vista del loro stato di rovina e deterioramento, la gente racconterà. 14. Consumali con furore, consumali e non ci saranno più; e sapranno che Dio regna in Giacobbe, fino ai confini della terra, per sempre. 15. Ed essi ritorneranno alla sera, abbaieranno come il cane e circonderanno la città. 16. Essi vagheranno per mangiare; quando non saranno soddisfatti gemeranno. 17. Quanto a me, parlerò della Tua potenza e canterò con gioia della Tua bontà al mattino, perché Tu sei stato per me un rifugio sicuro, un rifugio nel giorno della mia angoscia. 18. Tu sei la mia forza, a Te io canterò, perché Dio è il mio rifugio sicuro, il Dio della mia bontà.

Sessanta

1. Per il Direttore, suonato sul Shushan Eidut. Un prezioso salmo di David, da insegnare. 2. Quando egli combatté con Aram Naharayim e Aram Tzovah, e Joab tornò e colpì dodicimila uomini edomiti nella Valle del Sale. 3. O Dio, ci hai abbandonato, ci hai distrutti! Ti sei infuriato: risvegliaci! 4. Tu hai fatto tremare la terra, l'hai spaccata, poi hai sistemato i pezzi, perché si indebolisce! 5. Hai agito brutalmente con la Tua nazione, ci hai dato da bere del vino perché ci

ubriacassimo. 6. Ora doni a coloro che ti temono un vessillo da innalzare per sé stessi, per amore della verità, per sempre. 7. Affinché i Tuoi amati siano redenti, aiutami con la Tua mano destra e rispondimi. 8. Dio ha detto con il Suo Santo Spirito che mi sarei rallegrato; avrei diviso Sichem e misurato la Valle di Succot per separarla. 9. Gilead è mio, Menasse è mio, Efraim è il protettore del mio capo; Giuda è il mio principe. 10. Moab è il mio lavatoio e calpesterò Edom; la Filistea griderà forte a causa mia. 11. Chi mi condurrà nella città fortificata? Chi mi guiderà a Edom? 12. Non sei tu, Dio, che finora ci hai abbandonato e non sei andato avanti con i nostri soldati? 13. Aiutaci contro il nemico, altrimenti la redenzione dell'umanità sarà inutile. 14. Con Dio noi agiremo eroicamente ed Egli calpesterà i nostri oppressori.

Sessantuno

1. Per il Direttore, con strumenti a corde, di David. 2. Ascolta il mio grido, O Dio, ascolta la mia preghiera. 3. Dagli angoli della terra Ti chiamo, quando il mio cuore è debole: Mettimi su una roccia che fa meglio di me! 4. Perché Tu sei stato un rifugio sicuro per me, un pilastro di forza di fronte al nemico. 5. Abiterò per sempre nella Tua tenda; mi nasconderò al riparo delle Tue ali, per sempre. 6.

Perché Tu, Dio, hai ascoltato i miei voti; Tu hai concesso grandi ricompense a coloro che temono il Tuo Nome. 7. Aggiungi giorni ai giorni del re, che i suoi anni siano pari a quelli di ogni generazione. 8. Che egli sieda sempre davanti a Dio; proclama generosità e onestà per preservarlo. 9. Così io canterò la lode del Tuo Nome per sempre, mentre rispetto i miei voti ogni giorno.

Sessantadue

1. Al Direttore, per il mio amico Yedutun, un salmo di David. 2. L'unica cosa che la mia anima desidera è Dio; la mia redenzione proviene da Lui. 3. Lui solo mi sostiene e mi salva, mia fortezza; Io non soffrirò mai molto. 4. Fino a quando sarete causa di tragedia per l'uomo? Che possiate essere uccisi tutti, come un muro pericolante, un recinto abbattuto. 5. Solo per la loro arroganza essi tramano per spingermi in basso, prediligono la falsità; con le loro bocche benedicono e nei loro cuori maledicono per sempre. 6. Dio è l'unica cosa che la mia anima desidera, perché la mia redenzione viene da Lui. 7. Egli solo mi sostiene e mi salva, mia fortezza; io non esiterò. 8. La mia redenzione e il mio onore sono in Dio; Egli mi dà forza, la mia fede è in Dio. 9. Confidate in Lui ogni momento, o nazione, aprite i vostri cuori davanti a Lui, Dio è un rifugio sicuro per noi per

sempre. 10. Gli uomini sono narcisisti, le persone durano poco. Se fossero stati innalzati su di una scala, sarebbero più leggeri di niente. 11. Non confidate nel male e non sperate nel furto. Se la ricchezza corrotta prospera, non fateci caso. 12. Dio ha parlato una volta e io l'ho sentito due: Quella forza appartiene a Dio. 13. E che la Tua, mio Signore, sia benevolenza. Perché Tu ripaghi ogni uomo secondo le sue azioni.

Sessantatre

1. Un salmo di David, quando si trovava nel deserto della Giudea. 2. O Dio, Tu sei l'Onnipotente, io Ti cerco! La mia anima ha sete di Te, la mia carne anela a Te; come chi è in una terra deserta e arida, senza acqua. 3. Così ho sete di vederTi nella Tua casa, di testimoniare la Tua potenza e la Tua gloria. 4. Poiché la Tua Bontà è più grande di tutte le cose viventi; le mie labbra Ti loderanno. 5. Perciò Ti benedirò per tutta la vita, nel Tuo Nome alzerò le mie mani in preghiera. 6. La mia anima si sazia lodandoTi, come la mia bocca si sazia mangiando grasso. 7. Infatti, mi ricordo di Te quando sono sul mio letto; i miei occhi rimangono aperti di notte perché contemplo le Tue opere. 8. Perché Tu sei stato un aiuto per me; Io canto all'ombra delle Tue ali. 9. La mia anima si è aggrappata a Te; la Tua

mano destra mi ha sostenuto. 10. Ma essi cercano l'infelicità per la mia anima; entreranno nelle profondità della terra. 11. Li trascineranno con la spada; saranno come un pasto per le volpi. 12. Il re si rallegrerà in Dio e tutti coloro che giurano in Lui saranno orgogliosi, quando le bocche dei bugiardi saranno tappate.

Sessantaquattro

1. Per il Direttore, un salmo di David. 2. Ascolta la mia voce, o Signore, così Ti dirò del mio dolore; proteggimi dall'orrore del nemico. 3. Proteggimi dalle trame dei malvagi, dai piani dei malfattori. 4. Quelli che hanno affilato la loro lingua come una spada, puntato la loro freccia, come una parola amara. 5. Per colpire un innocente da luoghi nascosti; all'improvviso lo colpiscono non hanno paura. 6. Si incoraggiano a fare il male, parlano di tendere trappole; dicono: "Chi ci vedrà?". 7. Hanno cercato pretesti; e quando hanno completato una ricerca attenta, ognuno ha tenuto il piano dentro di sé, nel profondo del suo cuore. 8. Ma Dio li ha colpiti; come una freccia improvvisa furono colpiti. 9. Le loro stesse lingue fecero fallire il piano; tutti coloro che li vedono scuotono la testa in modo beffardo. 10. Allora tutti gli uomini ebbero paura e raccontarono l'opera di Dio, essi percepirono la Sua

azione. 11. Che il giusto gioisca nel Signore e si rifugi in Lui, e si vanti di tutto il bene che ha nel cuore.

Sessantacinque

1. Per il Direttore, un salmo di David, un canto. 2. Il silenzio è come una lode a Te, o Dio che dimori a Sion; e per Te le promesse si compiranno. 3. Tu che ascolti la preghiera, da Te tutti gli uomini vengono per un consiglio. 4. Le questioni di peccato mi travolgono, Tu perdonerai le nostre malefatte. 5. Fortunata è la nazione che Tu scegli e avvicini, per dimorare alla Tua corte; potessimo noi saziarci con il bene della Tua Casa, con la santità della Tua presenza. 6. Rispondi con azioni grandiose, che si addicono alla Tua giustizia, o Dio della nostra redenzione, sicurezza di tutti gli abitanti della terra e dei mari lontani. 7. Con la Sua forza Egli prepara la pioggia per le montagne; Egli è immensamente potente. 8. Fa cessare le maree e tacere il fragore delle loro onde e il frastuono delle nazioni. 9. Coloro che abitano ai confini della terra Ti onorano per i Tuoi miracoli; l'arrivo del mattino e della sera induce gli uomini a cantare le lodi. 10. Ti ricordi della terra e te ne prendi cura, Tu la arricchisci abbondantemente dal ruscello di Dio pieno d'acqua Tu prepari il loro grano. 11. Tu bagni i suoi

abbeveratoi, ricompensando i suoi cacciatori; con la pioggia lo ammorbidisci e benedici la sua crescita. 12. Tu incoroni l'anno della Tua bontà con la pioggia e le tue nuvole gocciolano in abbondanza. 13. Sgocciolano sulle praterie del deserto e le colline si cingono di gioia. 14. I prati si rivestono di greggi e le valli si ammantano di grano; emettono suoni, anzi cantano.

Sessantasei

1. Per il Direttore, un canto, un Salmo. Tutta la terra alzerà la sua voce a Dio con gioia! 2. Cantate il Suo Nome Glorioso, rendete magnifica la Sua lode. 3. Dite a Dio. "Quanto sono meravigliose le Tue azioni!" A causa della Tua grande forza, i Tuoi nemici ammetteranno il loro tradimento nei Tuoi confronti. 4. Tutta la terra si inchinerà a Te, e canterà per Te, Essi cantano lodi al Tuo Nome per sempre! 5. Venite a vedere le opere di Dio, grandi sono le Sue azioni per l'umanità. 6. Egli ha trasformato il mare in una terra asciutta ed essi hanno attraversato il fiume a piedi; noi abbiamo fatto festa grazie a Lui. 7. Egli governa il mondo con il Suo potere e i Suoi occhi vegliano sulle nazioni; che i ribelli non si lodino per sempre. 8. Benedite il nostro Dio, o nazioni, e fate che la voce della Sua lode sia ascoltata. 9. Egli ci ha mantenuti in vita e

non ha permesso che i nostri piedi scivolassero. 10. Perché ci hai messo alla prova, o Dio; ci hai raffinato come si raffina l'argento. 11. Tu ci hai imprigionati, ci hai incatenati. 12. Tu hai posto degli uomini sopra di noi; siamo passati attraverso il fuoco e l'acqua, e ci hai portato all'abbondanza. 13. Io entrerò nella Tua Casa con olocausti, pagherò i miei voti a Te. 14 Che le mie labbra hanno pronunciato e la mia bocca ha detto nella mia sofferenza. 15. Offrirò a Te olocausti di animali grassi, con il fumo dei montoni; preparerò il bestiame con i capri, per sempre. 16. Venite ad ascoltare, voi tutti che temete Dio, e io vi annuncerò ciò che Egli ha fatto per la mia anima. 17. L'ho invocato con la mia bocca, con la lode sotto la mia lingua. 18. Se avessi visto la malvagità nel mio cuore, il mio Signore non mi avrebbe ascoltato. 19. Ma in verità, Dio ha sentito; Egli ha ascoltato la voce della mia preghiera. 20. Benedetto è Dio che non ha allontanato la mia preghiera o la Sua benevolenza da me.

Sessantasette

1. Per il Direttore, un brano con musica strumentale, un salmo. 2. Che Dio sia buono con noi e ci benedica; che faccia risplendere il Suo volto su di noi per sempre. 3. Che la Tua legge sia

compresa sulla terra, la Tua redenzione sia conosciuta tra tutte le altre nazioni. 4. Le nazioni Ti loderanno, o Dio; tutte le nazioni Ti loderanno. 5. Le nazioni festeggeranno e canteranno di gioia, perché Tu giudicherai i popoli con giustizia e guiderai le nazioni sulla terra per sempre. 6. I popoli Ti loderanno, o Dio; tutti i popoli Ti loderanno. 7. Poiché la terra avrà prodotto i suoi frutti e Dio, il nostro Dio, ci benedirà. 8. Dio ci benedirà; e tutti, dagli angoli più remoti della terra, Lo temeranno.

Sessantotto

1. Per il Direttore; da David, un salmo, un canto. 2. Che Dio si alzi, che i Suoi nemici si disperdano e fuggano davanti a Lui. 3. Come il fumo viene scacciato, allontanateli; come la la cera si scioglie davanti al fuoco, i malvagi periscano davanti a Dio. 4. E i giusti si rallegreranno, essi loderanno Dio e si rallegreranno e gioiranno. 5. Cantate a Dio, lodate il Suo Nome; lodate Colui che cavalca i cieli con il Nome di Dio e lodate davanti a Lui. 6. Dio è padre degli orfani e giudice delle vedove, nella Casa della Sua Santità. 7. Dio accoglie i solitari in una casa e libera quelli legati in catene; ma i ribelli sono lasciati a dimorare nella terra arida. 8. O Dio, quando sei venuto davanti alla Tua nazione, quando hai marciato nel deserto, per sempre. 9. La terra ha

tremato, anche i cieli si sono sciolti davanti alla presenza di Dio, il monte Sinai ha tremato davanti alla presenza di Dio, il Dio di Israele. 10. Hai versato una pioggia generosa, o Dio, quando la Tua nazione era sciolta, Tu l'hai messa al sicuro. 11. Il Tuo gregge si è stabilito lì; nella Tua bontà, o Dio, Tu dai ai poveri. 12. Il mio Signore, realizzerà la parola dei messaggeri per una grande legione. 13. I re degli eserciti fuggiranno, essi fuggiranno e colei che abita la casa dividerà il bottino. 14. Quando ti sdraierai tra i recinti delle pecore, Tu sarai come le ali di una colomba ricoperte d'argento e le penne d'oro scintillante. 15. Quando l'Onnipotente disperderà i re nel paese, quelli che sono all'ombra delle tenebre saranno resi bianchi come la neve. 16. Il monte di Dio è un monte fertile; il monte delle cime reali è un monte fertile. 17. Perché danzate voi, monti dalle molte cime? Questo è il monte che Dio ha voluto come Sua dimora; il Signore vi dimorerà per sempre. 18. I carri di Dio sono ventimila, con migliaia di angeli; il mio Signore è in mezzo a loro, sul Sinai, in santità. 19. Sei salito dall'alto e hai preso un prigioniero, hai colto doni per l'uomo; e ora anche i ribelli dimorano con Dio. 20. Benedetto il mio Signore, che ogni giorno ci riempie di doni, il Dio che ci redimerà per sempre. 21. Il Signore è per noi un Dio redentore; e a Dio, mio Signore, appartengono le molte vie della morte. 22. Dio solo schiaccia la testa dei Suoi nemici, il cranio peloso di chi va in giro con la sua colpa. 23. Il mio Signore disse: "Farò tornare da Bashan, farò tornare dagli abissi del mare". 24. Che il tuo piede cammini sul sangue del nemico; che la lingua dei tuoi cani abbia la sua parte nel bottino del tuo nemico." 25. Hanno visto le Tue vie, o Dio, le vie del mio Dio, del mio Re, nella santità. 26. Cominciarono i cantori, poi i musicisti, in mezzo alle fanciulle che suonavano i tamburelli. 27. in gruppo benedite Dio; benedite il mio Signore, o voi che uscite da Israele. 28. Lì li governa Beniamino, il più giovane; i principi di Giuda li lapidano, così come i principi di Zabulon e i principi di Naftali. 29. Il tuo Dio ha dichiarato la tua forza. Mostra la tua forza, O Dio, che hai fatto questo per il nostro bene. 30. A causa della gloria della Tua presenza su Gerusalemme, i re Ti porteranno tributi. 31. Rimprovera la bestia selvaggia nella foresta, l'assemblea dei tori potenti tra i vitelli delle nazioni, finché ciascuno si sottometta con monete d'argento. Disperdi le nazioni che desiderano la guerra. 32. I nobili verranno dall'Egitto; Kush si affretterà ad alzare le mani a Dio. 33. Regni della terra, cantate a Dio; cantate lodi al mio Signore per sempre! 34. A Colui che cavalca il più fiero dei cieli antichi, ecco che Egli emette la Sua voce, una voce potente. 35. Attribuite il potere a Dio: il suo dominio è su Israele e la Sua potenza è nei cieli. 36. Dio, sei temuto dalla Tua casa; è il Dio di Israele che concede forza e potenza al Suo popolo; benedetto è Dio.

Sessantanove

1. Per il Direttore, per strumento a corde, di David. 2. Redimimi, O Dio, perché le acque hanno divorato la mia anima! 3. Sono annegato in profondità fangose senza appigli; sono entrato in acque profonde e la corrente mi trascina a fondo. 4. Sono annegato nelle mie lacrime, la mia gola è secca; i miei occhi soffrono mentre aspetto il mio Dio. 5. Più numerosi dei capelli sulla mia testa, sono coloro che mi odiano senza ragione. Potenti sono coloro che mi taglierebbero fuori, quelli che mi sono nemici senza motivo. Dovrò restituire ciò che non ho rubato. 6 O Dio, Tu conosci i miei comportamenti sbagliati, e le mie malefatte non Ti sono nascoste. 7. Non permettere che chi crede in Te, debba essere disprezzato a causa mia, O mio Signore, Dio degli Eserciti, non permettere che chi Ti cerca sia disprezzato a causa mia, O Dio di Israele. 8. Poiché per amor Tuo ho tollerato l'umiliazione, la disgrazia copre il mio volto. 9. Sono diventato straniero per i miei fratelli, estraneo per i figli di mia madre. 10. Perché la gelosia della Tua Casa mi ha divorato e coloro che Ti mancano di

rispetto mi odiano. 11. E io piangevo mentre l'anima mia digiunava ed è stata un'umiliazione per me. 12. Ho fatto del sacco la mia veste e sono diventato infame per loro. 13. Quelli che siedono alla porta parlano di me e gli ubriachi cantano di me. 14. Che la mia preghiera per Te, Signore, sia in un momento propizio; Dio, nella Tua generosa bontà, rispondimi con la Tua vera redenzione. 15. Salvami dalla palude, affinché non affondi; fammi salvare dai miei nemici e dalle acque profonde. 16. Che la corrente d'acqua non mi trascini via, che l'oceano non mi inghiotta e che la fossa non chiuda la sua bocca su di me. 17. Rispondimi, Signore, perché tu sei molto buono; secondo la tua generosa bontà, accorgiti di me. 18. Non nascondere il Tuo volto al Tuo servo, perché io sto soffrendo, affrettati a rispondermi. 19. Vieni dalla mia anima e salvala; riscattami, affinché i miei nemici non si sentano vincenti. 20. Tu conosci la mia umiliazione, la mia vergogna e il mio disonore; tutti i miei oppressori sono davanti ai Tuoi occhi. 21. L'umiliazione ha spezzato il mio cuore e mi sono ammalato. Ho desiderato conforto ma non ne ho trovato, perché non ho trovato consolatori. 22. Essi avvelenano il mio cibo e per dissetarmi mi danno l'aceto. 23. La loro tavola diventi una trappola davanti a loro e la loro calma, una rete. 24. Che i loro occhi si oscurino in modo che non possano vedere e i loro fianchi si indeboliscano continuamente. 25. Riversa su di loro il tuo furore fumante e lascia che la ferocia della tua ira li travolga. 26. Che il loro palazzo sia deserto, che non ci sia alcun abitante nelle loro tende. 27. Perché perseguitano colui che Tu hai colpito e si vantano del dolore dei Tuoi feriti. 28. Aggiungi male al loro male e non farli entrare nella Tua moralità. 29. Che siano cancellati dal Libro della Vita e non siano iscritti insieme ai giusti. 30. Ma io sono povero e sofferente; che la tua redenzione, o Dio, mi rafforzi. 31. Loderò il Nome di Dio con canti, Lo adorerò con ringraziamenti! 32. E piacerà al Signore più del sacrificio di un toro maturo con corna e zoccoli. 33. Gli umili lo vedranno e faranno festa; voi, cercatori di Dio, vedrete e i vostri cuori saranno gioiosi. 34. Perché il Signore ascolta i sofferenti e non odia i Suoi prigionieri. 35. Lo lodino il cielo e la terra, i mari e tutto ciò che si muove in essi. 36. Perché Dio riscatterà Sion e costruirà le città di Giuda, ed essi si stabiliranno lì e ne saranno proprietari. 37. La progenie dei Suoi servi la erediterà e coloro che amano il Suo Nome la abiteranno.

Settanta

1. Per il Direttore, da David, per ricordare. 2. O Dio, vieni in mio aiuto, O Signore, affrettati a salvarmi. 3. Coloro che cercano la mia morte, siano umiliati e disonorati; coloro che mi vogliono fare del male smettano e siano

derisi. 4. Coloro che dicono: "Aha! Aha!" siano derisi in cambio della vergogna che hanno gettato su di me. 5. Che tutti coloro che Ti cercano gioiscano e si rallegrino in Te, e che coloro che amano la Tua redenzione dicano sempre: " Dio sia lodato!!". 6. Ma io sono povero e bisognoso; affrettati per me, o Dio! Tu sei il mio aiuto e il mio redentore; o Dio, non tardare!

Settantuno

1. Mi sono rifugiato in Te, o Signore, e non sarò mai umiliato. 2. Soccorrimi e liberami nella Tua bontà; tendi il Tuo orecchio verso di me e salvami. 3. Proteggimi e sostienimi, per entrare sempre. Tu hai decretato la mia salvezza, perché Tu sei il mio sostegno e il mio rifugio. 4. O mio Dio, salvami dai malvagi, dalla mano di chi complotta e del violento. 5. Perché io credo in Te, o mio Signore, Dio, mio salvatore fin dalla mia giovinezza. 6. Mi sono affidato a Te fin dal grembo materno; Tu hai favorito la mia nascita; io Ti lodo sempre. 7. Sono diventato famigerato tra le nazioni, eppure Tu sei stato il mio rifugio sicuro. 8. Che la mia bocca sia piena della Tua lode, tutto il giorno con la Tua gloria. 9. Non mandarmi via nella vecchiaia, non abbandonarmi quando le mie forze cominciano a diminuire. 10. Perché i miei nemici parlano di me e quelli che spiano la mia anima cospirano insieme.

11. Dicendo: "Dio lo ha abbandonato. Inseguitelo e prendetelo, perché non ha un salvatore". 12. O Dio, non allontanarti da me; mio Dio, accorri al mio fianco. 13. Che i nemici della mia anima siano svergognati e consumati; che coloro che cercano il mio male siano assorbiti dalla vergogna e dall'umiliazione. 14. Ma per quanto mi riguarda, io spererò sempre; la mia lode a Te crescerà continuamente. 15. La mia bocca parlerà della Tua bontà, delle Tue redenzioni tutto il giorno, perché non riesco a contarle. 16. Vengo con la forza del mio Signore, Dio; cito la Tua Giustizia, solo la Tua. 17. O Dio, mi hai insegnato fin dalla mia giovinezza e ancora oggi racconto i Tuoi miracoli. 18. Anche nella vecchiaia e quando la mia barba ingrigisce, o Dio, non mi abbandonare, finché racconterò della Tua potenza alle generazioni e della Tua forza a tutti coloro che vengono ad ascoltare. 19. La tua giustizia, o Dio, raggiunge l'alto dei cieli, perché Tu fai cose grandi; o Dio, chi è come Te? 20. Tu, che mi hai mostrato molti gravi problemi, mi farai rivivere di nuovo; mi solleverai di nuovo dalle profondità della terra. 21. Accrescerai la mia grandezza; Ti accorgerai di me e mi consolerai. 22. Anch'io Ti ringrazierò con la lira per la Tua fedeltà, Mio Dio; canterò a Te con l'arpa, o Santo di Israele. 23. Le mie labbra festeggeranno quando canterò per Te, così come la mia anima che Tu hai redento. 24.

Anche la mia lingua pronuncerà tutto il giorno la Tua Giustizia, perché coloro che cercano il mio male sono svergognati e screditati.

Settantadue

1. Per Salomone. O Dio, comunica la Tua giustizia al re, e la Tua moralità al figlio del re. 2. Possa egli giudicare con equità il Tuo popolo, i Tuoi poveri come i ricchi. 3. Che le montagne portino la pace alla nazione, anche le colline, in ricompensa per la loro moralità. 4. Possa egli giudicare i poveri della nazione, salvare i figli degli indigenti e schiacciare l'oppressore. 5. In modo che Ti temano finché il sole splende e la luna dura, generazione dopo generazione. 6. Che le sue parole discendano come pioggia sull'erba tagliata, come gocce di pioggia che bagnano la terra. 7. Possa la giustizia avere successo nei suoi giorni, molto pacificamente fino a quando la luna non sarà più. 8. E possa governare da mare a mare e dal fiume fino ai confini della terra. 9. Che i nobili si inginocchino davanti a lui e che i suoi nemici lecchino la polvere. 10. I re di Tarshish e delle isole renderanno onore, i re di Saba e di Seba offriranno doni. 11. Tutti i re si inchineranno a lui; tutte le nazioni lo serviranno. 12. Perché egli soccorre il povero che grida, il povero che non ha nessuno che lo aiuti. 13. Ha compassione per i

miseri e i bisognosi, e salva le anime degli indigenti. 14. Egli riscatta la loro anima dalla disonestà e dalla violenza e il loro sangue è prezioso ai suoi occhi. 15. Egli rianima il povero e gli dona l'oro di Saba; così i poveri pregano sempre per lui e lo benedicono tutto il giorno. 16. Che ci sia abbondanza di prodotti nel paese, sulle cime dei monti; che il suo frutto cresca come i cedri del Libano e che il popolo fiorisca dalla città come l'erba della terra. 17. Che il suo nome sia conosciuto per sempre; il suo nome sia straordinario finché il sole splende. E tutte le nazioni saranno benedette grazie a lui, e lo loderanno. 18. Benedetto il Signore Dio, il Dio di Israele, che compie solo miracoli. 19. Sia benedetto il Suo magnifico Nome per sempre, e tutta la terra sia piena della Sua gloria, Amen e Amen. 20. Le preghiere di David, figlio di Iesse, sono concluse.

Terzo libro

Settantatre

1. Un salmo di Asaf il corista. Dio è veramente buono con Israele, con i puri di cuore. 2. Ma quanto a me, i miei piedi mi hanno quasi portato via; in un attimo i miei passi sarebbero stati spazzati via. 3. Perché sono diventato geloso del male quando ho visto la gioia dei malvagi. 4. Perché non ci sono promesse di morte per loro e la loro salute è solida. 5. Essi non partecipano al lavoro degli uomini, né soffrono come gli altri mortali. 6. Perciò si vestono di orgoglio come se indossassero una collana; i loro corpi sono avvolti dalla violenza. 7. I loro occhi sono gonfi di grasso; hanno superato i desideri del loro cuore. 8. Essi si scherniscono a vicenda e parlano male dell'oppressione - parlano molto bene di sé stessi. 9. Parlano male di Dio, mentre le loro bocche camminano ancora sulla terra. 10. Perciò il Suo popolo torna qui e beve il calice pieno di acque amare. 11. Ed essi dicono: "Come è possibile che Dio sappia? Colui che sta in Alto sa forse tutto?". 12. Ecco, questi sono i malvagi e sono molto calmi, hanno accumulato molte ricchezze. 13. Certamente io ho purificato il mio cuore inutilmente e ho lavato le mie mani per pulirle. 14. Perché soffrivo tutto il

giorno e le mie beffe arrivavano ogni mattina. 15. Se dicessi: "Dirò le cose come stanno", ecco che la generazione futura si ribellerà. 16. E quando volevo capirlo, era ingiusto ai miei occhi. 17. Finché non sono arrivato ai santuari di Dio e ho pensato alla loro fine. 18. Tu li hai posti solo su luoghi scivolosi, Tu li hai gettati nelle tenebre. 19. Come sono diventati deserti in un attimo! Sono arrivati alla fine; sono stati divorati dalla paura. 20. Come in un sogno al risveglio. O mio Signore, disonora la loro immagine in città. 21. Quando il mio cuore era confuso, e la mia mente era affinata. 22. Ero un chiacchierone e non capivo, come un animale ero al Tuo fianco. 23. Eppure ero sempre con Te; Tu tenevi la mia mano destra. 24. Guidami con il Tuo consiglio e poi accoglimi con onore. 25. Chi ho in cielo all'infuori di Te? E quando sono con Te io non desidero nulla sulla terra. 26. La mia carne e il mio cuore desiderano; Dio sostiene il mio cuore e la mia parte per sempre. 27. Ecco perché, tutti quelli che sono lontani da Te periscono, Tu elimini tutti quelli che Ti abbandonano. 28. Quanto a me, la vicinanza a Dio è il mio bene; ho riposto la mia fiducia nel Signore, Dio, affinché io possa raccontare tutte le Tue opere.

Settantaquattro

1. Un salmo intellettuale del corista Asaf. Perché, o Dio, ci hai abbandonati per sempre e il Tuo furore si accende contro le pecore del Tuo pascolo? 2. RicordaTi della tua assemblea che hai acquisito tanto tempo fa, la tribù della Tua eredità che hai riscattato e portato sul Monte Sion, dove hai stabilito la Tua Presenza. 3. Solleva i Tuoi piedi per provocare la rovina eterna, a causa di tutto il male compiuto dal nemico nella Tua casa. 4. I Tuoi nemici ruggivano in mezzo alla Tua riunione; essi consideravano i loro presagi come segni autentici. 5. Le asce nel folto degli alberi era come se portassero un'offerta al loro dio. 6. E adesso, tutti i suoi ornamenti insieme sono stati frantumati dal martello e dall'ascia. 7. Hanno incendiato la Tua casa; hanno ridotto a terra la dimora del Tuo Nome. 8. I loro re hanno progettato in cuor loro, concordi; hanno bruciato tutti i luoghi di raduno di Dio nel paese. 9: Non abbiamo visto i nostri segni; non c'è più un profeta e non c'è nessuno tra noi che sappia per quanto tempo. 10. Fino a quando, o Dio, il nemico ci disonorerà? Il nemico maledirà il Tuo Nome per sempre!? 11. Perché ritrai la Tua mano, persino la destra? Estraila da dentro il Tuo seno. 12. Eppure Dio è il mio Re da molto tempo, opera redenzioni in mezzo alla terra. 13. Con la Tua

potenza, hai diviso il mare, tagliando la testa dei mostri marini delle acque. 14. Hai schiacciato le teste del Leviatano, lasciandole in pasto alla tua nazione che vaga nel deserto. 15. Hai spaccato la roccia, facendo scaturire fontane e ruscelli; Tu hai prosciugato fiumi possenti. 16. Tuo è il giorno e Tua è anche la notte; Tu hai creato la luna e il sole. 17. Tu hai stabilito tutti i confini della terra; estate e inverno, Tu li hai creati. 18. Ricorda questo, come il nemico ha odiato il Signore e la vile nazione ha maledetto il Tuo Nome. 19. Non dare l'anima della Tua tortora all'animale selvatico; non dimenticare la vita del Tuo povero per sempre.20. Cerca un accordo, perché i luoghi oscuri della terra sono pieni di covi di violenza. 21. Non respingere con disonore l'oppresso; allora i poveri e i bisognosi loderanno il Tuo Nome. 22. Alzati, o Dio, e vinci la Tua causa; ricorda che l'uomo stolto Ti ha maledetto tutto il giorno. 23. Non dimenticare la voce dei Tuoi nemici; il tumulto dei tuoi avversari sale sempre.

Settantacinque

1. Per il Direttore, una supplica per non essere distrutto. Un salmo del corista Asaf, un canto. 2. Ti abbiamo ringraziato, O Dio, ti abbiamo reso grazie; e il Tuo Nome era vicino quando essi raccontavano

i Tuoi miracoli. 3. Quando sarà il momento giusto, giudicherò equamente. 4. Quando la terra e tutti i suoi abitanti si stavano dissolvendo, Io ho stabilito i suoi pilastri per sempre. 5. Ho detto all'ostinato: "non mostrate Israele in modo scorretto", e al malvagio: "Non aumentare la tua arroganza". 6. Non alzate il vostro orgoglio verso il cielo e non parlate con un collo arrogante. 7. Poiché la grandezza non proviene né dall'oriente né dall'occidente e nemmeno dal deserto. 8. Perché Dio è il Giudice; Egli umilia gli uni ed eleva gli altri. 9. Perché nella mano del Signore c'è una coppa di punizione, con vino forte di una miscela piena; Egli ne versa e tutti i malvagi della terra ne berranno, prosciugando anche i suoi resti. 10. Ma quanto a me, lo racconterò per sempre; canterò al Dio di Giacobbe. 11. Reciderò ogni gloria dei malvagi, ma la gloria dei giusti sarà ben nota.

Settantasei

1. Per il Direttore, con strumento musicale, un salmo del corista Asaf, un canto. 2. Dio è conosciuto nelle città di Giuda; il Suo Nome è grande in Israele. 3. Il Suo Tabernacolo era a Shalem, e la Sua dimora a Sion. 4. Là Egli ha frantumato le frecce che volavano dall'arco, lo scudo, la spada e la battaglia in modo permanente. 5. Tu sei come la luce, più

potente di montagne di prede. 6. I cuori pesanti erano insensibili, dormivano e si svegliavano, e tutti i guerrieri non riuscivano a trovare la loro forza. 7. Al Tuo rimprovero, o Dio di Giacobbe, il carro e il cavallo furono storditi. 8. Tu sei grandioso! Chi può stare davanti a Te una volta che ti sei adirato. 9. Dal cielo Tu hai fatto sentire il verdetto, la terra ebbe paura e si placò. 10. Quando Dio si alzò per emettere il giudizio, per salvare tutti gli umili della terra per sempre. 11. L'ira dell'uomo ci indurrà a ringraziarTi; Tu terrai da parte i residui della rabbia. 12. Fate voti al Signore vostro Dio e manteneteli; tutti quelli che Lo circondano porteranno tributi al Grandioso. 13. Egli abbatte lo spirito dei nobili; è terribile per i re della terra.

Settantasette

1. Per il Direttore, un salmo a proposito del mio amico Yedutun, del corista Asaf. 2. Innalzo la mia voce a Dio e grido; innalzo la mia voce a Dio ed Egli mi ascolterà. 3. Nel giorno della mia sofferenza ho cercato il mio Signore. La mia ferita fa più male di notte ed essi non mi guariscono; la mia anima rifiuta il conforto. 4. Mi ricordo di Dio e gemo; Io parlo e il mio spirito è labile, per sempre. 5. Tu hai afferrato le mie palpebre; sono distrutto, non posso parlare. 6. Penso ai vecchi tempi, agli anni passati. 7.

Durante la notte ricordo la mia musica, contemplo con il cuore e il mio spirito cerca. 8. È forse per sempre che il mio Signore mi abbandonerà per non essere mai più placato? 9. Le Sua benevolenza è cessata per sempre? Egli ha suggellato il decreto per tutte le generazioni? 10. Dio ha dimenticato la misericordia? Nell'ira Egli ha forse trattenuto per sempre la Sua compassione? 11. Io dissi: "E' per terrorizzarmi che la mano destra dell'Altissimo cambia". 12. Io ricordo le opere di Dio, quando ricordo le Tue meraviglie di tanto tempo fa. 13. Io contemplo tutte le Tue opere e parlo delle Tue azioni. 14. O Dio, la Tua via è santa; quale dio è grande come Dio? 15. Tu sei il Dio che compie miracoli; Tu fai conoscere la Tua potenza tra le nazioni. 16. Hai riscattato il Tuo popolo con braccio forte, i figli di Giacobbe e di Giuseppe, per sempre. 17. Le acque Ti hanno visto, o Dio, le acque Ti hanno visto e hanno tremato; anche gli abissi hanno sussultato. 18. Le nubi scrosciavano acqua, i cieli emettevano un suono, persino le Tue frecce guizzavano. 19. Il suono del Tuo tuono era nel vento che soffiava, i lampi illuminavano il mondo, la terra tremava ed era scossa. 20. La Tua via era conosciuta attraverso il mare, il Tuo cammino attraverso le acque potenti; e i Tuoi passi non erano conosciuti. 21. Tu guidasti il Tuo popolo come un gregge, per mano di Mosè e di Aronne.

Settantotto

1. Un Salmo intellettuale del corista Asaf. Ascolta, mio popolo, il mio insegnamento; tendete l'orecchio alle parole della mia bocca. 2. Aprirò la mia bocca con una parabola, parlerò di enigmi di molto tempo fa. 3. Quello che abbiamo sentito e sappiamo essere vero, e di cui i nostri padri ci hanno parlato. 4. Noi non ci sottrarremo ai loro figli, dal raccontare all'ultima generazione le lodi del Signore, la Sua potenza e i miracoli che Egli ha compiuto. 5. Egli si mise d'accordo con Giacobbe, e stabilì la Sua legge in Israele, e ordinò ai nostri padri di tramandarla ai loro figli. 6. Così l'ultima generazione saprà; i bambini che devono ancora nascere, un giorno si alzeranno e racconteranno ai loro figli. 7. Ed essi riporranno la loro fede in Dio, e non dimenticheranno le opere dell'Onnipotente; e osserveranno i Suoi precetti. 8. Ed essi non saranno come i loro padri, una generazione capricciosa e ribelle, una generazione che aveva un cuore malvagio, e il cui spirito non era onesto con Dio. 9. I figli di Efraim, arcieri armati, si ritirarono nel giorno della battaglia. 10. Essi non mantennero il loro accordo con Dio e si rifiutarono di vivere secondo la Sua legge. 11. Dimenticarono le Sue opere e i miracoli che Egli aveva compiuto per loro. 12. Egli compì miracoli davanti agli occhi dei loro

padri, nella terra d'Egitto, nei campi di Zoan. 13. Egli divise il mare e li guidò ad attraversarlo; fece delle pareti d'acqua perché vi camminassero in mezzo. 14. Egli li guidò di giorno con una nuvola e di notte con una luce di fuoco. 15. Spaccò le rocce nel deserto e diede loro da bere come da un'abbondante profondità. 16. Fece scaturire dalla roccia acque fluenti e le fece discendere come fiumi. 17. Eppure essi continuarono a peccare contro di Lui, a provocare l'Altissimo nella terra arida. 18. E misero alla prova Dio nei loro cuori, chiedendo cibo secondo i loro desideri. 19. Essi parlarono male di Dio e dissero: "Può Dio prepararci un pasto nel deserto? 20. È vero, Egli colpì la roccia le acque sgorgarono ma Egli può darci anche il pane? Può preparare della carne per il Suo popolo?" 21. E così il Signore sentì e si infuriò; si accese l'odio contro Giacobbe, anche l'ira divampò contro Israele. 22. Poiché non avevano fede in Dio e non credevano nella Sua redenzione. 23. Anche se Egli comanda i cieli e apre le porte del paradiso. 24. Egli ha ordinato che la manna piovesse su di loro e diede loro i frutti del cielo. 25. L'uomo mangiò il pane degli angeli; Egli ne inviò loro a sufficienza per essere saziati. 26. Egli spinse il vento dell'est attraverso il cielo e guidò il vento del sud con la Sua forza. 27. Fece piovere su di loro carne come polvere, uccelli alati come la sabbia dei mari. 28. E la fece cadere nel Suo accampamento, attorno alle Sue dimore. 29. Essi mangiarono e furono molto soddisfatti, perché Egli portò loro ciò che desideravano. 30. Non avevano ancora smesso di desiderare, il cibo era ancora nella loro bocca. 31. Quando l'ira di Dio si levò contro di loro e uccise i loro potenti e fece cadere gli eletti di Israele. 32. Nonostante questo, continuarono a peccare e non credettero nei Suoi miracoli. 33. Così Egli pose fine ai loro giorni nell'inutilità e ai loro anni nel terrore. 34. Quando Egli li uccideva essi Lo cercavano, ritornavano e pregavano Dio. 35. Si ricordavano che Dio li sostiene, Dio l'Altissimo, il loro Redentore. 36. Ma Lo attirarono con la bocca e lo ingannarono con la lingua. 37. Il loro cuore non era rivolto a Lui; essi non erano fedeli al Suo patto. 38. Eppure Egli è compassionevole, perdona il male e non distrugge; di volta in volta nasconde la Sua ira, e non suscita tutto il Suo furore. 39. Egli si ricordò che essi non erano che carne, uno spirito che se ne va e non ritorna. 40. Quante volte Lo hanno amareggiato e rattristato nel deserto! 41. Ancora e di nuovo misero alla prova Dio e cercarono un segno dal Santo di Israele. 42. Essi non ricordavano le Sue azioni, il giorno in cui Egli li liberò dai loro oppressori. 43. Che Egli pose i Suoi segni in Egitto e i Suoi miracoli nel campo di Zoan. 44. Trasformò i loro fiumi in sangue e rese imbevibili le loro fonti. 45 Spedì contro di loro un misto di bestie che li consumò e le rane che causarono loro molte perdite.

46. Diede il raccolto delle loro fattorie alle cavallette e il prodotto del loro lavoro alla locusta. 47. Danneggiò le loro viti con la grandine e gli alberi di sicomoro con un gelo pungente. 48. Uccise i loro animali con la grandine e il loro bestiame con i fulmini. 49. Mandò su di loro il Suo furore ardente, l'ira, la rabbia e l'afflizione; una schiera di angeli distruttori. 50. Spianò un sentiero per la Sua rabbia e non risparmiò la loro anima dalla morte; diede i loro animali alla peste. 51. Egli colpì ogni primogenito in Egitto, il primo frutto della loro giovinezza nelle tende di Ham. 52. Condusse la Sua nazione come pecore e le guidò come un gregge nel deserto. 55. Li condusse al sicuro ed essi non ebbero paura, perché il mare inghiottì i loro nemici.

54. E li portò all'entrata del Suo luogo santo, quel monte che la Sua mano destra prese. 55. Egli guidò le nazioni davanti a loro, gli assegnò un'eredità determinata; Egli sistemò le tribù di Israele nelle loro tende. 56. Tuttavia misero alla prova e sfidarono Dio, l'Altissimo e non mantennero il loro accordo. 57. Essi tornarono indietro e si ribellarono come i loro padri; si voltarono come un arco deviante. 58. Lo irritarono con i loro altari e Lo provocarono con i loro idoli. 59. Dio udì e si infuriò

e fu assolutamente disgustato da Israele. 60. E abbandonò il Tabernacolo di Shiloh, la Tenda dove si era fermato tra gli uomini. 61. Diede la Sua forza al nemico e il Suo potere nelle mani dell'oppressore. 62. Consegnò la Sua nazione alla spada e si infuriò con il Suo popolo. 63. Il fuoco consumò i Suoi giovani, e le Sue fanciulle non intonarono alcun canto di nozze. 64. I Suoi sacerdoti caddero sotto la spada e le loro vedove non ebbero cordoglio. 65. Il Signore si svegliò come se dormisse, come un guerriero che grida per smaltire il vino. 66. Fece battere in ritirata i suoi nemici e li fece cadere in eterna disgrazia. 67. Fu disgustato dalla tenda di Giuseppe e non scelse la tribù di Efraim. 68. Scelse la tribù di Giuda, sul Monte Sion che Egli ama. 69. E costruì la sua casa permanente come i cieli; come la terra, durerà per sempre. 70. Ed Egli scelse David come Suo servo, e lo tolse dai recinti delle pecore. 71. Seguendo le pecore che allattano. lo portò a pascolare la Sua nazione di Giacobbe, Israele, la Sua eredità. 72. E li curò con la moralità del suo cuore e li guidò con l'abilità delle sue mani.

Settantanove

1. Un Salmo di Asaf il corista. O Dio, le nazioni sono diventate come la Tua eredità, hanno disonorato la Tua santa casa; hanno trasformato

Gerusalemme in un mucchio di macerie. 2. Considerano i cadaveri dei Tuoi servi come cibo per gli uccelli del cielo, la carne dei Tuoi uomini virtuosi per le bestie della terra. 3. Hanno versato il loro sangue come acqua intorno a Gerusalemme e non c'è nessuno che li seppellisca. 4. Siamo diventati uno zimbello tra i nostri vicini, derisi e scherniti da coloro che ci circondano. 5. Fino a quando, o Signore! Ti adirerai per sempre? La Tua gelosia brucerà come il fuoco? 6. Riversa l'ira sulle nazioni che non Ti conoscono, sui regni che non invocano il Tuo Nome. 7. Poiché hanno divorato Giacobbe e abbandonarono la Sua dimora. 8. Non ricordare i nostri precedenti peccati; la Tua benevolenza giunga presto a noi, poiché siamo caduti molto in basso. 9. Aiutaci, Dio della nostra redenzione, per amore del Tuo Nome; salvaci e perdona i nostri peccati per amore del Tuo Nome. 10. Perché le nazioni dovrebbero dire: "Dov'è il loro Dio?" Fa che si conosca tra le nazioni, sotto i nostri occhi, la vendetta del sangue versato dei Tuoi servi. 11. Accogli il gemito del prigioniero; soccorri i condannati a morte, come si conviene alla grandezza della Tua forza. 12. Ripaga i nostri vicini sette volte tanto nel loro petto, per l'infamia con cui Ti hanno odiato, o Signore. 13. E noi, Tuo popolo, gregge del Tuo pascolo, Ti ringrazieremo per sempre; per tutte le generazioni proclameremo la Tua lode.

Ottanta

1. Per il Direttore, sullo strumento a corda, una testimonianza di Asaf il corista, un salmo. 2. Ascolta, O Pastore d'Israele, Che guidi Giuseppe come un gregge. Tu Che regni sulle stelle, risplendi eternamente. 3. Mostra il tuo grande potere davanti agli occhi di Efraim, Beniamino e Menashe, perché solo Tu puoi salvarci. 4. Facci tornare, O Dio; fa' risplendere il Tuo volto, perché possiamo essere salvati. 5. O Signore, Dio degli eserciti, fino a quando sarai adirato con la preghiera del Tuo popolo? 6. Li hai nutriti con pane di lacrime e hai dato loro da bere lacrime in grande quantità. 7. Ci hai reso un argomento controverso tra i nostri vicini; i nostri nemici ci deridono. 8. Facci tornare, o Dio degli eserciti; fa' risplendere il Tuo volto, perché possiamo essere salvati. 9. Hai fatto uscire un seme dall'Egitto; Hai scacciato le nazioni e l'hai piantato. 10. Hai fatto spazio davanti ad esso; ha messo radici e ha riempito la terra. 11. Le montagne sono state coperte dalla sua ombra e i suoi rami sono divenuti possenti cedri. 12. I suoi rami sono cresciuti fino al mare ed esso cresce fino al fiume. 13. Perché hai rotto i suoi recinti, così che ogni passante ne ha

colto il frutto? 14. I maiali della foresta lo devastano e ogni cosa nel campo ne mangia. 15. O Dio degli eserciti, per favore ritorna! Guarda giù dal cielo e vedi, e riconosci questo seme. 16. E il seme che la Tua destra ha piantato e il figlio che hai rafforzato per Te stesso. 17. È bruciato dal fuoco, abbattuto; essi fuggono dalla Tua presenza. 18. Sia la Tua mano sull'uomo che sta alla Tua destra, sul figlio dell'uomo che hai scelto per Te. 19. Allora non Ti abbandoneremo; facci rivivere e canteremo gioiosamente il Tuo nome. 20. O Signore, Dio degli eserciti, facci tornare; fa' risplendere il Tuo volto perché possiamo essere salvati.

Ottantuno

1. Per il Direttore, sullo strumento a corda, da Asaf il corista. 2. Cantate con gioia a Dio, nostra forza; suonate lo shofar al Dio di Giacobbe. 3. Alzate la vostra voce nel canto, suonate il tamburo, suonate l'arpa piacevole e la lira. 4. Suonate lo shofar nel Nuovo Mese, nel giorno designato, nel Giorno Santo. 5. Perché è un decreto per Israele, un comandamento del Dio di Giacobbe. 6. Egli lo intese come regola per Giuseppe quando scese nel paese d'Egitto; sentì una lingua che non conosceva. 7. Ho preso su di me il suo fardello; le sue mani sono state rimosse dal lavoro del calderone. 8.

Nell'angoscia hai chiamato e Io ti ho soccorso; hai chiamato in segreto, e Io ti ho risposto con stravaganti miracoli; Ti ho messo alla prova nel mare di Merivah, per sempre. 9. Ascolta, popolo Mio, e Io ti avvertirò; Israele, se solo Mi ascolterai! 10. Non adorerai mai nessun altro dio, né ti inchinerai davanti a un idolo straniero. 11. Io sono il Signore tuo Dio che ti ho fatto uscire dal paese d'Egitto; spalancate la bocca e chiedete qualsiasi cosa, e Io ve la darò. 12. Ma il Mio popolo non ha notato la Mia voce; Israele non ha voluto ascoltarMi. 13. Così li ho mandati via per la testardaggine del loro cuore, per aver seguito i loro desideri malvagi. 14. Se solo il Mio popolo Mi ascoltasse, se solo Israele camminasse sui Miei sentieri. 15. Allora rapidamente indebolirei i loro nemici e Mi rivolterei contro i loro oppressori. 16. Coloro che odiano il Signore si indebolirebbero davanti a Lui e sarebbero puniti per sempre. 17. Nutrirei Israele con i migliori prodotti e ti sazierei con miele di roccia.

Ottantadue

1. Salmo di Asaf il corista. Dio si trova nel tribunale; tra i giudici anche Lui giudica. 2. Fino a quando giudicherete ingiustamente, mostrando favore per i malvagi? 3. Giudicate giustamente il bisognoso e

l'orfano; trattate con giustizia i poveri e gli indigenti.
4. Soccorrete il bisognoso e il mendicante;
riscattateli dalla mano degli empi. 5. Ma loro non
sanno, né comprendono; camminano nelle tenebre,
perciò tremano tutte le fondamenta della terra. 6.
Ho detto che siete angeli, esseri soprannaturali, tutti
voi. 7. Ma morirete come mortali, cadrete come
qualsiasi altro principe. 8. Sorgi, o Dio, giudica la
terra, poiché tutte le nazioni sono in Tuo possesso.

Ottantatre

1. Un canto, un salmo di Asaf il corista. 2. O Dio,
non tacere; non trattenere il Tuo orecchio e non
restare immobile, o Dio. 3. Poiché ecco, i Tuoi
nemici si ribellano e quelli che Ti odiano hanno
ordito un complotto. 4. Essi tramano subdolamente
contro la Tua nazione e cospirano contro coloro che
sono protetti da Te. 5. Dicono: "Venite, separiamoli
dalla nazione, e il nome di Israele sarà dimenticato".
6. Perché come gruppo, hanno fatto un patto contro
di Te. 7. Le tende di Edom e degli Ismaeliti, di Moab
e degli Agareni. 8. Geval e Ammon e Amalek;
Filistea con gli abitanti di Tiro. 9. Anche l'Assiria si
è unita a loro ed è diventata il potere dei figli di Lot,
per sempre. 10. Trattali come hai trattato Madian;
come con Sisara e Yavin presso il torrente Kison. 11.
Che furono conquistati a Ein Dor e diventarono

concime per la terra. 12. Rendi i loro nobili come Orev e Ze'ev, tutti i loro principi come Zevach e Tzalmuna. 13. Chi ha detto: "Impadroniamoci delle dimore di Dio." 14. Mio Dio, rendili come polvere turbinante, come paglia al vento. 15. Come un fuoco che brucia la foresta e una fiamma che incendia i monti. 16. Così pure perseguitali totalmente e terrorizzali con la Tua tempesta. 17. Riempi i loro volti di lacrime di imbarazzo e cercheranno il Tuo nome, o Signore. 18. Lascia che si vergognino e che inorridiscano per sempre; lascia che siano disonorati e periscano. 19. E sapranno che Tu, il Cui nome è il Signore, Tu solo, sei sopra tutta la terra.

Ottantaquattro

1. Per il Conduttore, sul Gittith, un salmo dei figli di Korach. 2. Quanto sono adorate le Tue dimore, o Signore degli Eserciti! 3. La mia anima desidera, anzi anela, ai cortili del Signore; il mio cuore e la mia carne bramano di cantare al Dio vivente. 4. Anche l'uccello ha trovato un nido e la rondine una casa, dove depone i suoi piccoli su ciò che resta dei Tuoi altari, o Signore degli Eserciti, mio Re e mio Dio. 5. Fortunati coloro che abitano nella Tua Casa; Ti loderanno per sempre. 6. Fortunato l'uomo la cui volontà viene da Te; che conosce col cuore le vie che conducono al tempio. 7. A coloro che attraversano

la Valle delle Spine, Egli dà pozzi e sorgenti; la loro guida sarà inondata di benedizioni. 8. Vanno sempre più rafforzandosi; appariranno davanti a Dio a Sion. 9. O Signore, Dio degli eserciti, ascolta la mia preghiera; ascolta, O Dio di Giacobbe, per sempre. 10. Guarda il nostro scudo, o Dio, e guarda il volto dei Tuoi unti. 11. Meglio un solo giorno alla Tua corte che mille fuori. Preferirei stare all'ingresso della casa del mio Dio, piuttosto che abitare comodamente nelle tende dell'immoralità. 12. Perché il Signore, Dio, è sole e scudo; il Signore dà grazia e gloria; Non rifiuta la gentilezza a coloro che vivono virtuosamente. 13. O Signore degli Eserciti! Fortunato l'uomo che confida in Te.

Ottantacinque

1. Per il Conduttore, un salmo dei figli di Korach. 2. O Signore, Tu ami la Tua terra; Hai restituito i prigionieri di Giacobbe. 3. Hai perdonato il male del Tuo popolo e hai dimenticato per sempre tutti i suoi peccati. 4. Hai annullato tutta la Tua ira e hai fermato la Tua furia feroce. 5. Facci tornare, o Dio della nostra redenzione, e allontana da noi la Tua ira. 6. Sarai per sempre arrabbiato con noi? La Tua ira durerà per tutte le generazioni? 7. Non è vero che ci farai rivivere e il Tuo popolo si rallegrerà in Te? 8. Mostraci la Tua bontà, o Signore, e riscattaci.

9. Sento ciò che dirà il Signore Onnipotente; poiché parla pacificamente alla Sua nazione e ai Suoi virtuosi, e non torneranno alla stoltezza. 10. In verità, la Sua redenzione è vicina per coloro che Lo temono, affinché la Sua gloria risieda nel paese. 11. Gentilezza e onestà si sono incontrate; virtù e pace si sono baciate. 12. La verità crescerà dalla terra e la virtù guarderà dal cielo. 13. Anche il Signore farà il bene e la nostra terra ne raccoglierà i frutti. 14. La giustizia apparterrà all'uomo, che vivrà la sua vita secondo essa.

Ottantasei

1. Una preghiera di Davide. Signore, porgi il tuo orecchio, rispondimi, perché sono senza speranza e bisognoso. 2. Proteggi la mia anima, perché sono giusto; Tu, mio Dio, riscatta il Tuo servo che confida in Te. 3. Sii gentile con me, mio Signore, perché Ti chiamo tutto il giorno. 4. Porta felicità all'anima del Tuo servo, perché a Te, mio Signore, innalzo la mia anima. 5. Perché Tu, mio Signore, sei gentile e indulgente, e straordinariamente misericordioso con tutti coloro che Ti invocano. 6. Signore, ascolta la mia preghiera e ascolta la voce delle mie richieste. 7. Nel giorno della mia sofferenza Ti invoco, perché so che mi risponderai. 8. Non c'è nessuno come Te tra gli esseri

soprannaturali, mio Signore, e non ci sono azioni come le Tue. 9. Tutte le nazioni che hai creato verranno e si inchineranno a Te, mio Signore, e rispetteranno il Tuo nome. 10. Perché Tu solo sei grande e compi miracoli, o Dio. 11. Signore, insegnami la Tua via affinché io possa vivere secondo la Tua verità; unisci il mio cuore al timore del Tuo Nome. 12. Ti loderò, mio Signore, mio Dio, con tutto il cuore e onorerò il Tuo Nome per sempre. 13. Poiché la Tua grazia verso di me è stata grande; Tu hai salvato la mia anima dalla tomba. 14. O Dio, uomini odiosi sono insorti contro di me; un gruppo di uomini crudeli ha cercato la mia anima; non Ti conoscono. 15. Ma tu, mio Signore, sei un Dio buono e misericordioso, lento all'ira e ricco di bontà e verità. 16. Volgiti a me e abbi pietà di me; concedi il Tuo potere al Tuo servo e riscatta il figlio della Tua serva. 17. Mostrami un segno di grazia, affinché i miei nemici vedano e si vergognino, perché Tu, Signore, mi hai aiutato e mi hai consolato.

Ottantasette

1. Dai figli di Korach, un salmo, un canto dedicato ai monti santi di Sion e di Gerusalemme. 2. Il Signore ama le porte di Sion più di tutte le dimore di Giacobbe. 3. Cose gloriose sono dette di te, eterna

città di Dio. 4. Ricorderò Rahav, Egitto e Babilonia riguardo alla Mia amata nazione; Filistea e Tiro così come l'Etiopia: "Costui è nato lì". 5. E dirò a Sion: "Questo e quello sono nati lì"; e Lui, l'Alto, lo stabilirà. 6. Il Signore leggerà l'elenco delle persone: "Questo è nato lì", per sempre. 7. Cantanti e danzatori canteranno le tue lodi e diranno: "Tutti i miei pensieri interiori sono per te".

Ottantotto

1. Un canto, un salmo dei figli di Korach, per il Direttore, sullo strumento a corda; un salmo intellettuale per Heiman l'Ezrahita. 2. O Signore, Dio della mia redenzione, di giorno grido a Te, di notte Ti prego. 3. La mia preghiera Ti raggiunga; porgi il Tuo orecchio alla mia richiesta. 4. Perché la mia anima è colma di sofferenza e la mia vita si avvicina alla tomba. 5. Ero annoverato tra quelli che scendono nella fossa, ero come un uomo senza forza. 6. Sono considerato tra i morti che sono liberi, come i cadaveri che giacciono nella tomba, di cui non Ti ricordi ancora, che sono ancora esclusi dalla Tua mano. 7. Mi hai messo nella fossa più profonda, nei luoghi più bui, negli abissi. 8. La Tua ira è divampata immensamente su di me e tutte le onde della Tua furia mi annegano costantemente. 9. Hai separato da me i miei amici, mi hai reso

disgustoso per loro; Sono imprigionato e incapace di andarmene. 10. Il mio occhio è afflitto dal dolore; Ti invoco, O Signore, ogni giorno; Ho teso le mie mani in preghiera a Te. 11. Fai miracoli per i defunti? I morti Ti lodano? Per sempre. 12. È riconosciuta la Tua bontà nella tomba, la Tua fedeltà all'inferno? 13. Sono conosciute le Tue azioni miracolose nell'oscurità della tomba o la Tua giustizia nella terra dell'oblio? 14. Ma io a Te, O Signore, grido; ogni mattina la mia preghiera giunge davanti a Te. 15. Perché, O Signore, abbandoni la mia anima? Perché mi nascondi il Tuo volto? 16. Fin dalla mia giovinezza ho sofferto e mi sono avvicinato alla morte, eppure ho tollerato il timore di Te che è saldamente parte di me. 17. Le Tue furie sono passate su di me; I tuoi orrori mi hanno abbattuto. 18. Mi hanno bevuto come acqua tutto il giorno, tutti insieme mi hanno circondato. 19. Mi hai separato dal mio amato e amico; Sono stato rifiutato dai miei amici più intimi.

Ottantanove

1. Un salmo di sapienza di Etan l'Ezrachita. 2. Canterò per sempre la bontà del Signore; a tutte le generazioni farò conoscere la Tua fedeltà con la mia bocca. 3. Perché ho detto: "Il mondo è costruito con bontà; là nei cieli stabilisci la Tua bontà". 4. Ho fatto

un patto con il Mio prescelto; Ho giurato a Davide, Mio servitore. 5. "Io veglierò sulla Tua discendenza per sempre, edificherò il tuo trono per tutte le generazioni", per sempre. 6. Allora i cieli loderanno le Tue meraviglie, O Signore; anche la Tua gentilezza nella congregazione dei virtuosi. 7. Infatti, chi in cielo può essere paragonato al Signore, chi tra gli esseri soprannaturali può essere detto vicino al Signore! 8. L'Onnipotente è rispettato nella grande assemblea dei santi, ispirando timore reverenziale a tutti coloro che Lo vedono. 9. O Signore, Dio degli Eserciti, chi è potente come Te, O Dio? La Tua moralità ti circonda. 10. Tu domini l'immensità del mare; quando le sue onde scorrono, Tu le calmi. 11. Hai schiacciato l'Egitto come un cadavere; con il Tuo braccio potente hai disperso i Tuoi nemici. 12. I cieli Ti appartengono, anche la terra è in Tuo possesso; il mondo e tutto ciò che contiene - Tu li hai fondati. 13. Il settentrione e il meridione: Tu li hai creati; Il Tabor e l'Ermon cantano la grandezza del Tuo Nome. 14. Il Tuo braccio è il più potente; rafforza la Tua mano, alza in alto la Tua mano destra. 15. La virtù e la giustizia sono il fondamento del Tuo trono; gentilezza e verità sono davanti al Tuo volto. 16. Fortunato è il popolo che conosce il suono dello shofar; Signore, cammina alla luce del Tuo volto. 17. Celebra nel Tuo Nome tutto il giorno ed è nella gloria per la

Tua virtù. 18. In verità, Tu sei la magnificenza del suo potere, e nella Tua benevolenza la nostra gloria è gloriosa. 19. Poiché i nostri salvatori si rivolgono al Signore e il nostro re al Santo d'Israele. 20. Poi hai parlato in visione ai Tuoi uomini virtuosi e hai detto: "Ho aiutato Davide il potente, ho onorato l'eletto tra il popolo. 21. Ho trovato Davide, Mio servitore; L'ho unto con il Mio olio santo. 22. È lui che la Mia mano sarà pronta ad assistere; Anche il mio braccio lo rafforzerà. 23. Il nemico non trionferà su di lui, né il malvagio gli farà guerra. 24. E schiaccerò davanti a lui i suoi nemici e abbatterò quelli che lo odiano. 25. In verità, la Mia fedeltà e la Mia bontà saranno con lui, e attraverso il Mio Nome sarà celebrata la sua gloria. 26. Metterò la sua mano sul mare, la sua destra sui fiumi. 27. Mi chiamerà: "Tu sei mio Padre, mio Dio, la forza della mia redenzione". 28. Farò anche di lui il Mio primogenito, re sui re della terra. 29. Manterrò la Mia gentilezza per lui per sempre; Il Mio accordo rimarrà fedele a lui. 30. E darò il regno alla sua famiglia per sempre, e il suo trono durerà quanto i cieli. 31. Se i suoi figli abbandonano la Mia legge e non camminano secondo il Mio comandamento. 32. Se vanificano i Miei statuti e non osservano i miei comandamenti. 33. Allora punirò i loro peccati con la verga e le loro cattive azioni con le piaghe. 34. Tuttavia non gli toglierò la Mia bontà, né andrò contro la Mia fedeltà. 35. Non romperò il Mio patto, né cambierò ciò che è uscito dalle Mie labbra. 36. Una cosa ho giurato sulla Mia santità: non deluderò David. 37. La sua famiglia vivrà per sempre e il suo trono risplenderà come il sole davanti a Me. 38. Come la luna, sarà lì per sempre; la luna è un testimone onesto nel cielo per tutta l'eternità." 39. Eppure hai abbandonato e odiato; Ti sei infuriato contro i Tuoi unti. 40. Hai annullato il patto con il Tuo servo; Hai reso inutile la sua corona facendola cadere a terra. 41. Hai rotto tutti i suoi recinti; Hai ridotto in rovina tutte le sue fortezze. 42. Tutti i viaggiatori lo hanno disonorato; è diventato una vergogna per i suoi vicini. 43. Hai alzato la destra dei suoi avversari; Hai fatto festeggiare tutti i suoi nemici. 44. Hai anche girato indietro la lama della sua spada e non l'hai protetto in battaglia. 45. Hai posto fine alla sua gloria e rovesciato il suo trono. 46. Hai accorciato la sua infanzia; lo hai coperto di una lunga vergogna. 47. Fino a quando, O Signore, Ti coprirai - per sempre? Fino a quando la Tua furia divamperà come fuoco? 48. Oh ricorda quant'è breve la mia vita! Perché hai creato tutti i figli dell'uomo per niente? 49. Quale uomo può vivere da immortale, può tenere la sua anima lontana per sempre dalla tomba? 50. Dove sono le Tue passate azioni di bontà, mio Signore, che hai giurato a Davide nella Tua fedeltà? 51. Ricorda, mio Signore, l'infamia dei Tuoi servi, che porto nel mio seno da tutte le molte nazioni. 52. Che i Tuoi nemici hanno disonorato, O Signore, che hanno disonorato le orme dei Tuoi unti. 53. Benedetto il Signore in eterno, Amen e Amen.

Quarto libro

Novanta

1. Una preghiera di Mosè, l'uomo di Dio. Mio Signore, Tu ci hai ospitato in ogni generazione. 2. Prima che i monti fossero creati, prima che Tu creassi la terra e il mondo, Tu sarai il Signore Onnipotente per sempre. 3. Tu fai che l'uomo ritorni nella polvere, e dici: "Ritorna, umanità". 4. Per Te un migliaio di anni sono come ieri, li guardi come se fosse una notte. 5. La durata della loro vita è come una notte per Te, al mattino essi sono come erba che ricresce. 6. Al mattino prospera e cresce di nuovo, alla sera si indebolisce e secca. 7. Perché siamo consumati dalla Tua rabbia e distrutti dalla Tua collera. 8. Ti sei accorto delle nostre malefatte, dei nostri peccati nascosti davanti alla luce del Tuo volto. 9. Perché tutti i nostri giorni sono diventati brevi per la Tua ira; facciamo passare i nostri anni in un sospiro. 10. I giorni della nostra vita sono settanta e, se con grande energia, ottanta; la maggior parte di essi è trascorsa nella lotta e nell'inutilità, passando velocemente e volando via. 11. Chi comprende la potenza del Tuo furore o la Tua ira secondo il Tuo timore? 12. Insegnaci dunque a pianificare i nostri giorni affinché possiamo essere

saggi con il cuore. 13. Compatisci, O Signore; quanto durerà la Tua ira? Abbi pietà dei Tuoi servi. 14. Saziaci al mattino con la Tua bontà, allora canteremo e gioiremo per tutti i nostri giorni. 15. Dacci la gioia corrispondente ai giorni in cui ci fai soffrire, in base agli anni in cui abbiamo visto le difficoltà. 16. Fa' che la Tua opera sia conosciuta dai Tuoi servi e che la Tua magnificenza sia compresa dai loro figli. 17. Che la bellezza del Signore nostro Dio sia su di noi; stabilisci per noi il lavoro delle nostre mani; sì, stabilisci il lavoro delle nostre mani.

Novantuno

1.Tu che dimori nel rifugio dell'Altissimo, che abiti in mezzo all'Onnipotente. 2. Io dico del Signore che è la mia protezione e la mia fortezza, il Dio in cui credo. 3. Che Egli ti salverà dal groviglio della trappola, dalla piaga distruttiva. 4. Ti coprirà con le Sue ali e troverete sicurezza sotto di esse; la Sua verità è uno scudo e una corazza. 5. Non temerai la notte, né la freccia che vola di giorno. 6. Non temerai la peste che si annida nel buio, né la distruzione che avviene a mezzogiorno. 7. Mille possono cadere alla tua sinistra, e diecimila alla tua destra, ma tu non cadrai. 8. Devi semplicemente guardare con i tuoi occhi e sarai testimone della vendetta dei malvagi. 9. Perciò hai detto "Il Signore è il mio protettore" e hai fatto dell'Altissimo il tuo rifugio sicuro. 10. Nessun male ti colpirà, nessuna piaga si avvicinerà alla tua casa. 11. Perché Egli incaricherà i suoi angeli di essere buoni con te, per proteggerti in tutte le tue vie. 12. Essi ti terranno nelle loro mani se inciamperai su una roccia e ti ferirai un piede. 13. Camminerai sul leone e sul serpente, calpesterai il giovane leone e il serpente.

14. Poiché egli Mi desidera, Io lo redimerò; Io lo proteggerò, perché conosce il Mio Nome. 15. Quando Mi chiamerà, gli risponderò; Io sono con lui nei momenti di sofferenza. Io lo riscatterò e lo rispetterò. 16. Lo sazierò con una lunga vita e gli mostrerò la Mia redenzione.

Novantadue

1.Un salmo, un canto per il giorno dello Shabbat. 2. È bello lodare il Signore e cantare il Tuo Nome, o Altissimo. 3. Dichiarare la tua bontà al mattino e la Tua fedeltà alla sera. 4. Con uno strumento a dieci corde e una lira, sulle note di un'arpa. 5. Perché Tu, Signore, mi hai reso felice con le Tue azioni; salto di gioia per le opere della Tua mano. 6. Quanto sono grandi le Tue azioni, o Signore; come sono profondi i Tuoi pensieri! 7. L'uomo crudele non può conoscerli, lo stolto non può comprenderli. 8.

Quando i malvagi crescono come l'erba, e tutti i malfattori prosperano, è affinché siano distrutti per sempre. 9. Ma Tu, Signore, sei maestoso per sempre. 10. Infatti, i Tuoi nemici, o Signore, certamente i Tuoi nemici spariranno, tutti i malfattori saranno dispersi. 11. Ma tu hai reso la mia forza come quella di un bue selvatico; sono unto con olio fresco. 12. I miei occhi hanno visto la caduta dei miei nemici; le mie orecchie hanno udito la sorte degli empi che si sono levati contro di me. 13. Il morale crescerà come una palma, diventerà alto come un cedro del Libano. 14. Piantati nella Casa del Signore, fioriranno alla corte di Dio. 15. Saranno fecondi anche in vecchiaia, saranno pieni di frutti freschi. 16. Per dichiarare che il Signore è giusto; Egli mi dà forza e non c'è ingiustizia in Lui.

Novantatre

1. Il Signore è il Re; Egli si è vestito di maestà; il Signore Si è rivestito, Si è cinto di forza; Egli ha costruito il mondo in modo stabile affinché non si trasformi in male. 2. Il Tuo trono si innalza forte dai tempi antichi; Tu sei esistito da sempre. 3. I fiumi si sono alzati, O Signore, i fiumi hanno alzato la loro voce; i fiumi sollevano le loro onde impetuose. 4. Più potente delle onde è il Signore, più forte delle onde più potenti del mare. 5. I tuoi precetti sono

molto giusti; la Tua Casa risplenderà di saggezza, o Signore, risplenderà per sempre.

Novantaquattro

1. Il Signore è un Dio di vendetta; O Dio di vendetta, rivelaTi! 2. Giudice della terra, sorgi; dai agli arroganti ciò che meritano. 3. Fino a quando i malvagi, o Signore, per quanto tempo trionferanno? 4. Essi parlano continuamente in modo brusco, tutti i malvagi agiscono con arroganza. 5, Essi schiacciano il Tuo popolo, o Signore, e opprimono la Tua nazione. 6. Uccidono la vedova e lo straniero, essi uccidono gli orfani. 7. E dicono: "Il Signore non si accorge di noi, il Dio di Giacobbe non è testimone delle nostre azioni". 8. Capite, gente insensata, voi stolti, quando diventerete saggi? 9. Colui che ha udito per primo, Egli non dovrebbe ascoltare? Colui che forma l'occhio non dovrebbe vedere? 10. Colui che punisce le nazioni non si punisce? Colui che ha dato la saggezza all'uomo non avrà la saggezza? 11. Il Signore conosce i pensieri dell'uomo, essi sono privi di significato. 12. Beato l'uomo che Tu punisci, o Signore, e lo istruisci sulle vie della Tua legge. 13. Dàgli la calma nei momenti di difficoltà, finché la tomba per i malvagi non sarà scavata. 14. Perché il Signore non abbandonerà il Suo popolo, né diserterà la Sua eredità. 15. Perché il giudizio sarà di

nuovo equo e tutti i buoni di cuore perseguiranno la giustizia. 16. Chi si leverebbe con me contro i malvagi; chi si schiererebbe con me contro i malfattori? 17. Se il Signore non mi avesse aiutato, la mia anima avrebbe presto dimorato nel silenzio della tomba. 18. Quando pensavo che il mio piede stesse vacillando, la Tua bontà, o Signore, mi ha sostenuto. 19. Quando i miei pensieri allarmanti crescevano dentro di me, il Tuo conforto ha portato gioia alla mia anima. 20. Può averTi complice chi sta sul seggio del male, chi fa il male all'interno della legge? 21. Essi si raggruppano contro le vite dei fedeli e condannano il sangue innocente. 22. Il Signore è stato il mio rifugio sicuro; mio Dio, mia fortezza. 23. Egli rivolterà contro di loro la loro violenza e li distruggerà con il loro stesso male, il Signore, nostro Dio, li distruggerà.

Novantacinque

1. Venite, cantiamo al Signore, alziamo la nostra voce nella gioia a Colui che ci concede la redenzione. 2. Avviciniamoci a Lui e ringraziamoLo, alziamo le nostre voci in un canto per Lui. 3. Perché il Signore è un grande Dio e un grande Re sopra tutti gli esseri soprannaturali. 4. Le profondità della terra sono in Suo possesso e le alture dei monti sono Sue. 5. In verità, anche il mare

è Suo, perché Egli lo ha creato; le Sue mani hanno formato anche la terraferma. 6. Venite, pieghiamoci e inchiniamoci, inginocchiamoci davanti al Signore, il nostro Creatore. 7. Perché Egli è il nostro Dio, e noi siamo il popolo di cui Egli si prende cura, il gregge sotto la Sua guida: anche oggi, se solo ascoltaste la Sua voce! 8. Non indurite il vostro cuore come a Merivah, come nel giorno di Massah nel deserto. 9. Dove i vostri padri Mi hanno esaminato, Mi hanno messo alla prova, pur avendo visto le Mie azioni. 10. Per quarant'anni ho discusso con quella generazione: e ho detto: "E' un popolo dal cuore incerto e non comprende le Mie vie". 11. Così giurai nella Mia ira che non sarebbero entrati nel Mio luogo di riposo.

Novantasei

1. Cantate al Signore un canto nuovo, tutta la terra canterà al Signore. 2. Cantate al Signore, benedite il Suo Nome; dichiarate la Sua redenzione ogni giorno. 3. Parlate della Sua Gloria alle altre nazioni, dei Suoi miracoli tra tutti i popoli. 4. Perché il Signore è grande e altamente lodato, Egli è grandioso al di sopra di tutti gli dei. 5. Perché tutti gli dèi delle nazioni sono niente, ma il Signore ha creato i cieli. 6. Maestà e magnificenza sono davanti a Lui, forza e bellezza alla Sua presenza. 7. Date al

Signore, O famiglie delle nazioni, date al Signore onore e potenza. 8. Date al Signore il rispetto dovuto al Suo Nome; portate un'offerta e venite alle Sue corti. 9. Inchinatevi al Signore in magnifica santità; tutta la terra tremerà davanti a Lui. 10. Dichiarate tra le nazioni: "il Signore ci governa", infatti è fermamente stabilito che il mondo non cadrà; Egli giudicherà le nazioni con moralità e giustizia. 11. I cieli festeggeranno; la terra si rallegrerà; il mare nella sua totalità farà fragore. 12. I campi ed ogni cosa in essi, mostreranno grande felicità; tutti gli alberi della foresta canteranno. 13. Essi si rallegreranno davanti al Signore, perché Egli è arrivato, perché è venuto per giudicare la terra; Egli giudicherà il mondo con giustizia e le nazioni con la Sua verità.

Novantasette

1. Quando il Signore rivelerà il Suo regno, la terra si rallegrerà, tutte le isole festeggeranno. 2. Nuvole e fitte tenebre Lo circonderanno; giustizia e compassione saranno alla base del Suo trono. 3. Il fuoco sarà davanti a Lui e divorerà i Suoi nemici tutt'intorno. 4. I suoi fulmini porteranno luce al mondo; la terra lo vedrà e avrà paura. 5. Le montagne si scioglieranno come cera davanti al Signore, davanti al Padrone di tutta la terra. 6. I cieli

proclameranno la Sua giustizia e tutte le nazioni osserveranno la Sua gloria. 7. Tutti coloro che venerano dèi stranieri, che si vantano degli idoli, saranno svergognati, tutti gli adoratori di idoli si prostreranno davanti a Lui. 8. Sion ascolterà e si rallegrerà, le città di Giuda festeggeranno le Tue decisioni, O Signore. 9. Perché Tu, Signore, sovrasti tutta la terra; Tu sei straordinariamente maestoso, al di sopra di ogni altro essere soprannaturale. 10. Chi ama il Signore, odia i malvagi; Egli veglia sulle anime dei Suoi fedeli, Egli li salva dalla mano dei malvagi. 11. La luce spunterà per il giusto e la gioia è per i buoni di cuore. 12. Rallegratevi nel Signore, voi fedeli, e venerate il Suo Santo Nome.

Novantotto

1. Un salmo. Cantate al Signore un canto nuovo, perché Egli ha compiuto miracoli; la Sua mano destra e il Suo braccio santo hanno portato la redenzione per Lui. 2. Il Signore ha fatto conoscere la Sua redenzione; Egli ha rivelato la Sua giustizia agli occhi delle nazioni. 3. Egli ha ricordato la Sua bontà e fedeltà alla Casa di Israele; tutti, dagli angoli più remoti della terra, hanno osservato la redenzione del nostro Dio. 4. Alzate le vostre voci e lodate il Signore, tutta la terra; prorompete con canti di gioia e rallegratevi. 5. Cantate al Signore con

l'arpa, con un'arpa e il suono del canto. 6. Con le trombe e il suono dello shofar, celebrate davanti al Re, il Signore. 7. Il mare e la sua vastità grideranno di gioia, come pure la terra e i suoi abitanti. 8. I fiumi batteranno le mani, le montagne canteranno insieme. 9. Essi gioiranno davanti al Signore, perché Egli è venuto a giudicare la terra; Egli giudicherà il mondo con giustizia e le nazioni con moralità.

Novantanove

1. Quando il Signore rivelerà il Suo regno, le nazioni tremeranno; la terra tremerà davanti a Colui che regna sulle stelle. 2. Davanti al Signore che è a Sion, che è grande e maestoso al di sopra di tutte le nazioni. 3. Essi loderanno il Tuo grande, magnifico e santo Nome. 4. Essi loderanno il potere del Re che ama la giustizia. Tu hai stabilito l'equità; hai proclamato le leggi della giustizia e della rettitudine alle nazioni di Giacobbe. 5. Lodate il Signore nostro Dio e inchinatevi ai Suoi piedi, perché Egli è santo. 6. Mosè e Aronne tra i Suoi sacerdoti, e Samuele tra coloro che amano il Suo Nome, invocheranno il Signore ed Egli risponderà loro. 7. Egli parlò loro da una colonna di nube; essi seguirono i Suoi precetti e i decreti che aveva dato loro. 8. Signore nostro Dio, Tu hai risposto a loro; sei stato un Dio misericordioso per il loro bene, pur portando

vendetta per i loro misfatti. 9. Lodate il Signore nostro Dio, e prostratevi al Suo monte santo, perché il Signore nostro Dio è santo.

Cento

1. Un salmo di ringraziamento. Che tutta la terra canti con gioia al Signore. 2. Servite Dio con gioia; festeggiate in mezzo a Lui. 3. Sappiate che il Signore è Dio; Egli ci ha creato e noi siamo Suoi, il Suo popolo e il gregge del Suo pascolo. 4. Entrate nei Suoi cancelli con gratitudine, alla sua corte con lode; rendeteGli grazie, benedite il Suo Nome. 5. Perché il Signore è buono; la Sua bontà è per sempre e la Sua fedeltà è per tutte le generazioni.

Centouno

1. Un salmo di David. Canterò la Tua grazia e la Tua giustizia; a Te, o Signore, canterò la lode! 2. Farò attenzione al cammino dell'onesto: O quando verrai dalla mia parte? Vivrò con un cuore puro anche in casa mia. 3. Non osserverò le cose malvagie; trovo deprecabili le azioni dei ribelli, non mi riguardano. 4. Un cuore ostinato non farà più parte di me; non conoscerò il male. 5. Distruggerò chi parla male del suo compagno in segreto; non tollererò chi ha occhi arroganti e un cuore immorale. 6. Osservo i fedeli

della terra, affinché possano associarsi a me; colui che cammina sulla via dell'onestà, egli mi servirà. 7. Chi vive di inganni non si assocerà a me; il bugiardo passerà inosservato ai miei occhi. 8. Ogni mattina distruggerò tutto il male della terra, per allontanare tutti i malfattori dalla città del Signore.

Centodue

1. Una preghiera del povero quando è sopraffatto dalla sofferenza e racconta al Signore la sua storia di angoscia. 2. O Signore, ascolta la mia preghiera, fa' che il mio grido giunga a Te! 3. Rivelami il Tuo volto nel giorno della mia sofferenza; rivolgi il Tuo orecchio a me, nel giorno in cui chiamo, rispondimi prontamente. 4. Perché i miei giorni sono andati in fumo; le mie ossa sono essiccate come il fuoco. 5. Il mio cuore è avvizzito e inaridito come l'erba, perché io ho dimenticato di nutrirmi del pane. 6. Per il suono del mio sospiro, le mie ossa si aggrappano alla carne. 7. Sono come l'uccello del deserto; sono diventato come il gufo nel deserto. 8. Sono fuggito in fretta; ero come un uccello da solo su un tetto. 9. Tutto il giorno i miei nemici mi disonorano, quelli che mi deridono, maledicono usando il mio nome. 10. Perciò ho mangiato la cenere come pane e ho mescolato lacrime alla mia bevanda. 11. A causa della Tua ira e del Tuo furore, perché Tu mi hai

sollevato e poi mi hai gettato giù. 12. I miei giorni sono come un'ombra breve; inaridisco e muoio come l'erba. 13. Ma Tu, Signore, governerai per sempre, e la Tua celebrazione è per tutte le generazioni. 14. Ti alzerai ed avrai pietà di Sion, perché è tempo di essere buoni con lei; il momento giusto è arrivato. 15. Perché i Tuoi servi adorano le sue pietre e amano la sua polvere. 16. Allora le nazioni avranno timore del Nome del Signore e tutti i re della terra avranno timore della Tua gloria. 17. Quando vedono che il Signore ha edificato Sion, che Egli è apparso nella Sua gloria. 18. Egli ha ascoltato la preghiera dei Suoi adoratori e non l'ha odiata. 19. Che questo sia scritto perché le ultime generazioni leggano, affinché le nazioni future lodino il Signore. 20. Perché Egli ha abbassato lo sguardo dal Suo trono; il Signore ha guardato la terra dal cielo. 21. Per ascoltare il grido dei prigionieri, per salvare quelli che sono destinati a morire. 22. Perché il Nome del Signore sia annunciato a Sion e la Sua lode a Gerusalemme. 23. Quando le nazioni e i regni si uniranno in uno per servire il Signore. 24. Egli ha indebolito la mia forza lungo il cammino; ha abbreviato i miei giorni. 25. Io vorrei dire: "Mio Dio, non sopprimermi nel mezzo dei miei giorni! Tu i cui anni durano per tutte le generazioni". 26. All'inizio Tu hai piantato le fondamenta della terra e i cieli sono opera delle Tue mani. 27. Essi spariranno, ma Tu durerai: tutti invecchieranno come un abito; Tu li cambierai come un vestito ed essi spariranno. 28. Ma Tu rimani lo stesso, i Tuoi anni non avranno fine. 29. I figli dei Tuoi servitori saranno al sicuro; la loro discendenza sarà stabilita davanti a Te.

Centotre

1. Di Davide. Lode al Signore, O anima mia; e tutto ciò che è in me, benedica il Suo santo Nome. 2. Anima mia, benedici il Signore, non dimenticare la Sua benevolenza. 3. Chi perdona tutti i tuoi peccati, Chi guarisce tutte le ferite. 4. Chi salva la tua vita dalla tomba, Chi ti incorona con bontà e misericordia. 5. Che sazia la tua bocca con il bene; come l'aquila, la tua giovinezza si ripete. 6. Il Signore compie moralità e giustizia per tutti i sofferenti. 7. Egli ha fatto conoscere le Sue vie a Mosè, le Sue azioni sono conosciute ai figli di Israele. 8. Il Signore è buono e misericordioso, lento all'ira e di grande compassione, 9. Egli non lotterà per l'eternità, né manterrà la sua ira per sempre. 10. Egli non ci ha puniti secondo i nostri peccati, non si è vendicato secondo le nostre trasgressioni. 11. Perché come il cielo è alto sopra la terra, così la Sua bontà è grande per coloro che Lo servono. 12. Quanto l'oriente è lontano dall'occidente, così Egli

ha allontanato i nostri peccati da noi. 13. Come un padre ha amore per i suoi figli, così il Signore ha avuto amore per coloro che Lo servono. 14. Perché Egli conosce la nostra natura; capisce che non siamo altro che sporcizia. 15. Quanto all'uomo, i suoi giorni sono come l'erba; come un fiore di campo che cresce. 16. Quando il vento passa su di lui, egli scompare; il suo posto non è più suo. 17. Ma la benevolenza del Signore è per sempre su coloro che Lo temono e la Sua moralità non cambia di generazione in generazione. 18. Con coloro che osservano i Suoi precetti, e che ricordano i Suoi decreti per eseguirli, Egli sarà benevolo. 19. Il Signore ha posto il Suo trono nei cieli e il Suo regno comanda su tutte le cose. 20. Benedite il Signore, voi, Suoi potenti angeli, che eseguite i Suoi ordini e Gli obbedite. 21. Benedite il Signore, tutte le Sue Schiere, i Suoi servi che fanno ciò che Egli ordina. 22. Benedite il Signore, tutte le Sue azioni, in tutti i luoghi del Suo regno. Anima mia, benedici il Signore!

Centoquattro

1. Anima mia, benedici il Signore! Signore mio Dio, Tu sei molto lodato; Ti sei rivestito di maestà e magnificenza. 2. Ti avvolgi di luce come fosse una veste; Tu distendi i cieli come una tenda. 3. I Suoi

cieli sono coperti d'acqua; Egli fa delle nuvole il Suo carro, le muove sulle ali del vento. 4. Egli fa dei venti i Suoi messaggeri, del fuoco ardente i Suoi servitori. 5. Egli ha fondato la terra sui suoi sostegni, in modo che non cada mai. 6. Le profondità del mare indossano le sue fondamenta come un vestito; le acque riposano sopra le montagne. 7. Al Tuo comando esse fuggirono; al suono del Tuo tuono scapparono via. 8. Salirono sui monti, scesero nelle valli, fino al luogo che Tu hai assegnato loro. 9. Hai posto un confine che non possono oltrepassare, in modo che non tornino a sommergere la terra. 10. Egli trasforma le sorgenti in ruscelli che scorrono tra i monti. 11. Essi danno acqua a tutto il bestiame dei campi; gli animali selvatici si dissetano lì. 12. Gli uccelli del cielo vi dimorano accanto; alzano la loro voce tra la vegetazione. 13. Egli fa piovere sulle montagne dalle Sue alte nuvole; la terra è saziata dal frutto della Tua benevolenza. 14. Egli fa crescere l'erba per il bestiame e la vegetazione che richiede la mano dell'uomo per raccogliere il cibo dalla terra. 15. E il vino che rallegra i cuori degli uomini, l'olio che fa risplendere il volto e il pane che sostiene il cuore dell'uomo. 16. Gli alberi del Signore bevono fino a saziarsi, i cedri del Libano che Egli ha piantato. 17. Dove gli uccelli costruiscono i loro nidi; la cicogna ha la sua casa sul cipresso. 18. Le alte montagne sono per le capre selvatiche; le rocce sono una fortezza per i conigli. 19. Egli ha fatto la luna per stabilire un tempo per le festività; il sole sa quando tramontare. 20. Tu porti l'oscurità ed è notte, quando tutti gli animali della foresta escono. 21. I giovani leoni cercano la preda e il loro cibo da Dio. 22. Quando il sole sorge, essi si ritirano e giacciono nelle loro tane. 23. Poi l'uomo esce per andare al lavoro, alla sua fatica fino a sera. 24. Quante sono le Tue opere, O Signore! Tu le hai fatte tutte con sapienza; la terra è in Tuo possesso. 25. Questo mare, vasto e ampio, dove ci sono innumerevoli creature, esseri viventi piccoli e grandi. 26. Lì viaggiano le navi; c'è il leviatano che Tu hai creato per vivere lì. 27. Tutti Ti guardano perché Tu dia loro il cibo al momento giusto. 28. Quando glielo dai, lo raccolgono; quando apri la Tua mano, si saziano di bontà. 29. Quando nascondi il Tuo volto, si spaventano; quando Tu riprendi il loro spirito, essi spariscono e ritornano nella polvere. 30. Quando Tu lo vorrai essi rinasceranno, e Tu rinnoverai il volto sulla terra. 31. Possa la gloria del Signore durare per sempre; che il Signore trovi felicità nelle Sue azioni. 32. Egli guarda la terra e questa trema di paura; tocca i monti e questi diventano cenere. 33. Canterò al Signore con la mia anima; dichiarerò la lode al mio Dio con tutto il corpo. 34. Che la mia preghiera sia accolta da Lui; sarò felice alla presenza del Signore.

35. Che i peccatori cessino di esistere sulla terra e che i malvagi non esistano più. Benedici il Signore, o anima mia! Lodate il Signore!

Centocinque

1. Lodate il Signore, benedite il Suo Nome, fate conoscere le Sue azioni tra le nazioni. 2. Cantate a Lui, cantate lodi a Lui, parlate di tutti i Suoi miracoli. 3. Festeggiate nel Suo santo Nome, che i cuori di coloro che cercano il Signore siano pieni di gioia. 4. Cercate il Signore e la Sua forza; cercate sempre il Suo volto. 5 Ricordate i miracoli che Egli ha compiuto, i Suoi miracoli e i precetti della Sua bocca. 6. O figli di Abramo Suoi servi, figli di Giacobbe, Suoi eletti. 7. Egli è il Signore nostro Dio, il Suo regno governa su tutta la terra. 8. Egli ricorda le Sue promesse per sempre, le parole che ha ordinato a migliaia di generazioni. 9. L'alleanza che Egli ha stretto con Abramo e la Sua promessa ad Isacco. 10. Egli l'ha stabilita per Giacobbe come un decreto, per Israele come un accordo permanente. 11. Affermando: "A te Io darò la terra di Cana", la parte della tua eredità. 12. Quando erano pochi, davvero pochi e stranieri in essa. 13. Essi vagavano di nazione in nazione, da un regno a un altro. 14. Egli ordinò che nessuno facesse loro del male e rimproverò i re per il loro bene. 15. "Non toccate i

Miei eletti e non danneggiate i Miei profeti". 16. Egli chiese una carestia nel paese e distrusse ogni fonte di pane. 17. Mandò un uomo prima di loro; Giuseppe fu venduto come schiavo. 18. Gli legarono i piedi con catene, la sua anima fu messa in catene di ferro. 19. Fino al momento in cui le Sue parole si realizzarono, il decreto del Signore lo purificò. 20. Il faraone chiese il suo rilascio, il sovrano delle nazioni lo liberò. 21. Egli lo nominò padrone della sua casa e capo di tutti i suoi beni. 22. Poteva condannare i suoi principi a piacimento e insegnare agli anziani. 23. Perciò Israele scese in Egitto e Giacobbe dimorò nella terra di Cam. 24. La sua nazione si moltiplicò enormemente e la rese molto più potente dei suoi nemici. 25. Egli fece sì che i cuori dell'Egitto odiassero la Sua nazione e tramassero contro i Suoi servi. 26. Inviò Mosè, il Suo servo; con Aronne, che Egli aveva prescelto.

27. Essi compirono i loro atti miracolosi in mezzo a loro, prodigi nella terra di Cam. 28. Egli ordinò le tenebre e fu il buio, ed essi non andarono contro la Sua parola. 29. Trasformò le loro acque in sangue e uccise i loro pesci. 30. La loro terra fu coperta di rane, nel palazzo del faraone. 31. Egli ordinò e vennero orde di animali selvaggi e pidocchi in tutta la loro nazione. 32. Trasformò la loro pioggia in grandine, il fuoco arse le loro terre. 33. Colpì la loro

vite e il fico, distrusse gli alberi dei loro confini. 34. Egli parlò e vennero cavallette e innumerevoli locuste. 35. Le locuste divorarono tutta l'erba nella loro terra e mangiarono il frutto del loro suolo. 36. Poi colpì ogni primogenito nella sua terra, il primo di tutta la loro progenie. 37. Li portò fuori con argento e oro, e nessuno della Sua nazione inciampò. 38. L'Egitto si rallegrò della loro partenza, perché temeva tremendamente Israele. 39. Distese una nuvola per ripararsi e un fuoco per illuminare la notte. 40. Israele chiese, ed Egli portò uccelli e con il pane del cielo li saziò. 41. Egli aprì una roccia e le acque sgorgarono da essa ed attraversarono i luoghi aridi come un fiume. 42. Perché si ricordò della Sua sacra promessa ad Abramo Suo servo. 43. E fece uscire la Sua nazione con gioia, i Suoi consacrati con un canto. 44. Conquistò per loro le terre di molte nazioni, essi ereditarono la fatica dei popoli precedenti. 45. Affinché potessero osservare i Suoi precetti e le Sue leggi. Benedite il Signore!

Centosei

1. Lodate il Signore! Lodate il Signore perché è buono e la Sua benevolenza è eterna. 2. Chi può raccontare le azioni giuste del Signore, o annunciare tutte le Sue lodi? 3. Fortunati coloro che vivono nella giustizia, che compiono sempre azioni morali.

4. Ricordati di me, Signore, quando trovi il favore del Tuo popolo; ricordati di me con la Tua redenzione. 5. Per testimoniare il successo dei Tuoi eletti, per celebrare nella gioia della Tua nazione, per essere buono con il Tuo popolo. 6. Noi abbiamo peccato come fecero i nostri padri, abbiamo agito in modo ribelle e malvagio. 7. I nostri padri in Egitto non compresero i Tuoi miracoli, non ricordarono la Tua grande benevolenza e si ribellarono presso il Mar Rosso. 8. Eppure Egli li ha riscattati per amore del Suo Nome, per far conoscere la Sua potenza. 9. Egli infierì sul Mar Rosso e questo si prosciugò, li condusse attraverso gli abissi, come se fosse un deserto. 10. Li salvò dalla mano del nemico, e li redense dalla mano dell'avversario. 11. Le acque affogarono i loro oppressori; non sopravvisse nessuno di loro. 12. Allora credettero alla Sua promessa, cantarono la Sua lode. 13. Presto dimenticarono le Sue azioni, non attesero il Suo consiglio. 14. Essi avevano un desiderio nel deserto e misero alla prova Dio. 15. Egli diede loro ciò che chiedevano, ma mandò la fame nelle loro anime. 16. Fecero arrabbiare Mosè nell'accampamento e Aronne, il santo del Signore. 17. La terra si aprì e inghiottì Dathan, e travolse il suo amico Abiram. 18. E il fuoco arse nel loro raduno, una fiamma incendiò gli empi. 19. Fecero un vitello e si prostrarono a un'immagine fusa. 20. Scambiarono

Dio per un animale erbivoro. 21. Dimenticarono Dio, il loro redentore, che aveva compiuto grandi miracoli per loro in Egitto. 22. Miracoli nella terra di Cam, cose eccezionali nel Mar Rosso. 23. Egli li avrebbe distrutti, se Mosè, il Suo prescelto, non fosse stato davanti a Lui, per distogliere la Sua ira dal volerli distruggere. 24. Essi odiavano la terra desiderata, non avevano fiducia nella Sua parola. 25. E mormorarono nelle loro tende, non ascoltarono la voce del Signore. 26. Così Egli alzò la sua mano e giurò contro di loro, per bruciarli nel deserto. 27. Per gettare la loro discendenza tra le nazioni e disperderla tra i paesi. 28. Si unirono e adorarono l'idolo Baal Pe'or e mangiarono i sacrifici dei morti. 29. Lo esasperarono con i loro comportamenti scorretti e una piaga si diffuse nel loro accampamento. 30. Allora Fineo si alzò e prese il giudizio nelle sue mani, e la peste cessò. 31. Fu considerata un'azione giusta, per tutte le generazioni, per sempre. 32. Lo fecero arrabbiare alle acque di Merivah e Mosè soffrì per loro. 33. Perché essi andarono contro il Suo spirito ed Egli dichiarò un giuramento con le Sue labbra. 34. Essi non distrussero le nazioni come il Signore gli aveva ordinato. 35. Anzi, si associarono alle nazioni e divennero come loro. 36. Adorarono i loro idoli e divennero una trappola per loro. 37. Sacrificarono i loro figli ai demoni. 38. Versarono sangue innocente, il sangue dei loro figli e delle loro figlie che sacrificarono agli idoli di Canaan e il paese si riempì di sangue innocente. 39. Furono disonorati dai loro atti e si smarrirono per le loro azioni. 40. L'ira del Signore si scatenò contro il Suo popolo ed Egli li disprezzò. 41. Così li mise nelle mani delle nazioni e i loro nemici li dominarono. 42. I loro nemici li ridussero in schiavitù e furono legati sotto le loro mani. 43. Molte volte Egli li ha riscattati, eppure essi divennero ribelli nei loro consigli e furono poveri a causa dei loro peccati. 44. Ma Egli vide le loro sofferenze, quando ascoltò la loro preghiera. 45. E si ricordò del Suo patto e comprese, secondo la Sua grande bontà. 46. E fece in modo che fossero trattati con rispetto da tutti i loro governanti. 47. Riscattaci, Signore nostro Dio, raccoglici tra le nazioni, perché possiamo rendere grazie al Tuo Santo Nome e festeggiare nella Tua lode. 48. Benedetto il Signore, Dio di Israele, nei secoli dei secoli. E che tutto il popolo dica: "Amen! Lodate il Signore!".

Quinto libro

Centosette

1. Rendete grazie al Signore perché Egli è buono, perché la Sua bontà è eterna. 2. Coloro che sono stati redenti dal Signore dovrebbero dirlo, coloro che Egli ha riscattato dalla mano del male. 3. Li ha raccolti da tutte le terre, dall'oriente e dall'occidente, dal nord e dal mare. 4. Si persero nel deserto, nella terra desolata; non trovarono alcuna città popolata. 5. Affamati e assetati, la loro anima si indebolì in loro. 6. Essi gridavano al Signore nella loro sofferenza ed Egli li liberò dai loro dolori. 7. Li guidò sul giusto cammino per raggiungere una città popolata. 8. Rendano grazie al Signore e raccontino i Suoi miracoli a tutta l'umanità. 9. Poiché Egli ha dissetato l'anima assetata e ha saziato l'anima affamata con la Sua bontà. 10. Coloro che siedono nell'oscurità e nell'ombra della morte, stretti nella miseria e in catene di ferro. 11. Perché sono andati contro le parole di Dio e hanno rifiutato il consiglio dell'Altissimo. 12. Egli ha reso i loro cuori umili attraverso il dolore; hanno inciampato e non c'era aiuto. 13. Hanno gridato al Signore nella loro sofferenza; Egli li ha salvati dalle loro piaghe. 14. Li ha fatti uscire dall'oscurità e dall'ombra della morte

e ha spezzato i loro legami. 15. Rendano grazie al Signore per la Sua bontà e parlino dei Suoi miracoli all'umanità. 16. Perché Egli ha rotto i cancelli di ottone e ha frantumato le sbarre di ferro. 17. I peccatori stolti sono puniti a causa delle loro vie malvagie e delle loro azioni sbagliate. 18. La loro anima disprezza qualunque cibo ed essi raggiungono i cancelli della morte. 19. Essi gridarono al Signore il loro dolore; Egli li ha salvati dalla loro sofferenza. 20 Ha ordinato la loro guarigione; li ha salvati dalle loro tombe. 21. Rendano grazie al Signore per la Sua bontà e raccontino i Suoi miracoli all'umanità. 22. Offrano sacrifici di ringraziamento e parlino con gioia delle Sue azioni. 23. Quelli che scendono in mare con le navi, che svolgono compiti in acque possenti. 24. Hanno visto le gesta del Signore e i suoi miracoli negli abissi. 25. Egli ordinò al vento tempestoso di alzarsi e questi lo fece; e sollevò le onde. 26. Essi salgono al cielo, sprofondano negli abissi; la loro anima si scioglie nella sofferenza. 27. Rotolano e barcollano come un ubriaco, tutte le loro abilità non servono a nulla. 28. Hanno gridato al Signore il loro dolore ed Egli ha risolto la loro situazione. 29. Egli ha trasformato la tempesta in silenzio e le onde si sono placate. 30. Hanno festeggiato quando queste si placarono ed Egli li ha guidati a destinazione. 31. Rendano grazie al Signore per la Sua bontà e annuncino i Suoi miracoli all'umanità. 32. Lo lodino in mezzo al popolo e Lo benedicano nell'assemblea degli anziani. 33. Egli trasforma i fiumi in deserto, i ruscelli in terra arida. 34. Una terra fertile in una palude salina, a causa delle malefatte di chi la abita. 35. Egli trasforma il deserto in un lago e la terra arida in sorgenti d'acqua. 36. Insedia qui gli affamati che fondano una città popolata. 37. Essi raccolgono nei campi e piantano vigneti che producono frutti e grano. 38. Egli li benedice ed essi si moltiplicano a dismisura; e non diminuisce il loro bestiame. 39. Se peccano sono indeboliti e dimenticati attraverso l'oppressione, la miseria e il dolore. 40. Egli non rispetta gli uomini importanti e li fa smarrire in deserti sconosciuti. 41. Solleva il povero dalla sofferenza e rende le loro famiglie numerose come un gregge. 42. I buoni lo osservano e ne gioiscono, mentre tutti i malvagi chiudono la bocca. 43. Chi è saggio tenga a mente queste cose e allora si comprenderanno le buone azioni del Signore.

Centootto

1. Un canto, un Salmo di David. 2. Il mio cuore si è deciso O Dio; canterò le lodi con la mia anima. 3. Svegliatevi, o lira e arpa, mi alzerò prima dell'alba. 4. Ti benedirò tra le nazioni, Signore; canterò le lodi a Te tra le genti. 5. Perché la Tua bontà si estende al di

sopra dei cieli; la Tua onestà raggiunge le nuvole. 6. Sii dignitoso nei cieli, O Dio, lascia che il mondo veda la Tua magnificenza. 7. Affinché i Tuoi cari siano redenti, aiutali con la Tua mano destra e rispondimi. 8. Dio nella Sua santità disse che avrei trionfato, avrei diviso le parti di terra dei nemici tra le nazioni, avrei misurato la Valle di Succot. 9. Gilead è qui, Manasse è qui ed Efraim è il protettore della mia testa, Giuda è il mio principe. 10. Moab è il mio bagno, calpesterò Edom, rimprovererò la Filistea. 11. Chi mi guida alla città fortificata? Chi mi ha condotto a Edom? 12. Non è forse Dio che ci ha abbandonato finora e non ha protetto i nostri eserciti? 13. Aiutaci contro il nemico, perché l'aiuto dell'uomo non è niente. 14. Grazie a Dio noi saremo coraggiosi ed Egli distruggerà i nostri nemici.

Centonove

1. Per il Direttore, un salmo di David. O Signore della mia lode, non tacere. 2. Perché la bocca dei malvagi e dei disonesti si è aperta contro di me; essi mi hanno parlato con una lingua falsa. 3. Mi hanno circondato con parole di odio e mi hanno attaccato senza motivo. 4. In cambio del mio amore mi odiano; tuttavia io Ti prego. 5. Mi hanno reso male per bene e odio in cambio del mio amore. 6. Dai

potere ad un uomo malvagio su di lui; lascia che un rivale stia alla sua destra. 7. Quando sarà giudicato, che sia condannato; che la sua preghiera sia considerata un peccato. 8. Che la sua vita sia breve; che un altro prenda il suo posto. 9. Che i suoi figli diventino orfani e sua moglie vedova. 10. Che i suoi figli vagabondino vergognandosi e mendicando; possano cercare la carità dalle loro rovine. 11. Che il creditore si riprenda tutto ciò che è suo e gli estranei rubino i frutti del suo lavoro. 12. Che nessuno sia gentile con lui e che nessuno sia buono con i suoi orfani. 13. Che il suo futuro sia condannato e che il loro nome sia cancellato nella generazione futura. 14. Che l'immoralità dei suoi padri sia ricordata dal Signore e nessun peccato di sua madre sia cancellato. 15. Che siano sempre giudicati davanti al Signore e che Dio cancelli il loro ricordo dalla terra. 16. Perché egli non ha agito benevolmente e si è accanito contro il povero, l'indigente e l'affranto, per ucciderlo. 17. Ha amato la maledizione ed essa è diventata parte di lui; egli non desiderava la benedizione e l'ha tenuta lontana da sé. 18. Si è vestito di maledizione come se fosse il suo abito e questa divenne come acqua nelle sue viscere, come olio nelle sue ossa. 19. Che sia per lui come un mantello con cui si è vestito, come una cintura che indossa sempre. 20. I miei nemici vogliono prendere questo dal Signore e parlano male della mia anima. 21. E Tu, Dio, mio Signore, sii benevolo con me per il bene del Tuo Nome; perché la Tua bontà è grande, redimimi! 22. Perché sono disperato e indigente, e il mio cuore è morto dentro di me. 23. Come un'ombra breve sono scomparso, sono agitato come una locusta. 24. Le mie ginocchia vacillano per il digiuno e la mia carne è pelle senza grasso. 25. Sono diventato disgustoso per loro; mi vedono e scuotono la testa. 26. Aiutami, Signore, mio Dio, redimimi secondo la Tua bontà. 27. Fa sapere loro che questa è la Tua azione, che Tu, Signore, l'hai causata. 28. Loro Ti maledicono ma Tu li benedici; essi ti hanno sorpreso ma avranno vergogna e i Tuoi servi festeggeranno. 29. Che i miei nemici siano vestiti di vergogna; che siano avvolti nel loro imbarazzo come io mi avvolgo in un mantello. 30. Ringrazierò immensamente il Signore con la mia bocca e Lo loderò tra le nazioni. 31. Quando sta al fianco del povero per riscattarlo da chi gli ruba l'anima.

Centodieci

1. Un Salmo di David. Il Signore disse al mio maestro: "Siediti alla mia destra, finché non renderò i tuoi nemici un pavimento per i tuoi piedi". 2. Lo scettro del tuo potere, il Signore lo farà uscire da Sion, per governare sui tuoi nemici. 3. Il Tuo popolo verrà volontariamente nel giorno della guerra, a causa della tua grande santità. Tu avrai la forza e la giovinezza della tua infanzia. 4. Il Signore ha promesso di spezzarlo:" Tu sarai sacerdote per sempre, come è stato Melchitzedek!" 5. Il mio Signore è alla tua destra; Egli ha distrutto regni nel giorno della Sua furia. 6. Giudicherà le nazioni e le terre si riempiranno di scheletri; Egli schiaccerà loro le teste sulla loro vasta terra. 7. Lungo la strada berrà al ruscello, perciò sarà fiducioso.

Centoundici

1. Lode al Signore! Io ringrazierò il Signore con tutto il cuore, tra i giusti e in pubblico. 2. Grandi sono le opere del Signore e sono anche a disposizione di tutti quelli che le desiderano. 3. Le Sue azioni sono maestose e splendide, e la Sua giustizia dura per sempre. 4. Egli ha istituito un memoriale per i Suoi miracoli, perché il Signore è misericordioso e buono. 5. Ha dato cibo a quelli che

Lo servono; si è sempre ricordato del Suo patto con Abramo. 6. Ha raccontato del potere delle Sue azioni alla Sua nazione, per darle la ricchezza delle altre nazioni. 7. Le azioni delle Sue mani sono oneste e giuste; tutti i Suoi precetti sono giusti. 8. Essi sono immutabili per sempre, perché sono fatti con verità e rettitudine. 9. Ha redento la Sua nazione, mantenendo il Suo patto per sempre, santo e imponente è il Suo Nome. 10. Per possedere la sapienza devi temere il Signore; la saggezza completa è data a tutti coloro che Lo servono, le Sue benedizioni sono eterne.

Centododici

1. Lode al Signore! Benedetto è l'uomo che serve il Signore e segue i Suoi decreti correttamente. 2. La Sua discendenza sarà potente sulla terra; egli sarà benedetto con una generazione giusta. 3. Ricchezza e benessere sono sue e la sua moralità dura per sempre. 4. Anche nell'oscurità la luce risplende per il bene, perché Egli è Compassionevole, Misericordioso e Giusto. 5. Buono è l'uomo che è compassionevole e concede prestiti ma provvede ai suoi bisogni con piacere. 6. Perché egli non cadrà mai; l'uomo giusto non sarà mai dimenticato. 7. Egli non avrà paura di un brutto momento; il suo cuore è immutabile, rassicurato dal Signore. 8. Il suo cuore

è immutabile, egli non ha paura, alla fine trionferà sui suoi nemici. 9. Egli ha distribuito la sua ricchezza, dando ai bisognosi. La sua giustezza non sarà dimenticata; il suo potere sarà riconosciuto e onorato. 10. Il malvagio lo vedrà e si adirerà; stringerà i denti e si dissolverà; i desideri dei malvagi saranno distrutti.

Centotredici

1. Lodate il Signore! Offrite lodi, adoratori del Signore; benedite il Nome del Signore. 2. Il Nome del Signore sia benedetto da ora e per sempre. 3. Dall'alba al tramonto, il Nome del Signore sia lodato. 4. Il Signore è sovrano di tutte le nazioni; la Sua gloria è più grande dei cieli. 5. Chi è come il Signore nostro Dio, Colui che siede sul trono, sulle altezze più elevate? 6. Eppure Egli guarda giù così in basso verso il cielo e la terra! 7. Solleva i poveri dalla sporcizia, gli indigenti dal suolo. 8. Li fa sedere con i nobili, con i nobili delle Sue nazioni. 9. Egli trasforma la donna sterile in una famiglia, in una madre felice per i figli. Benedite il Signore!

Centoquattordici

1. Quando Israele uscì dall'Egitto, Giacobbe da un popolo di lingua straniera. 2. Giuda divenne la

fortezza di Dio; Israele divenne la sua terra. 3. Il mare vide e fuggì, il fiume Giordano voltò il corso. 4. Le montagne saltarono come arieti, le colline come agnelli. 5. Perché, mare, sei fuggito? Perché, Giordano, ti volto a ritroso? 6. Perché, montagne, avete saltato come arieti, perché voi colline avete saltato come agnelli? 7. La terra dovrebbe tremare alla presenza del Signore, alla presenza del Dio di Giacobbe. 8. Che ha trasformato la roccia in un torrente, la dura roccia in sorgenti d'acqua.

Centoquindici

1. Non per il nostro bene, Signore, non per il nostro bene ma per il bene del Tuo Nome, Tu ci darai la gloria, per la Tua benevolenza e la Tua verità. 2. Perché le altre nazioni dovrebbero dire: "Dov'è il loro Dio adesso?" 3. In effetti, il nostro Dio è nei cieli; Egli fa tutto ciò che desidera. 4. I loro idoli sono d'argento e d'oro, prodotti dalle mani umane. 5. Essi hanno una bocca ma non possono parlare; hanno occhi ma non possono vedere. 6. Hanno orecchie, ma non possono ascoltare; hanno un naso ma non possono odorare. 7. Le loro mani non possono toccare; i loro piedi non possono camminare; essi non possono emettere alcun suono nella loro gola. 8. Coloro che li creano diventeranno come loro, tutti quelli che credono in loro. 9. Israele,

credi nel Signore, Egli è il nostro alleato e il nostro protettore. 10. La casa di Aronne, crede nel Signore; Egli è il nostro alleato e il nostro protettore. 11. Voi che servite il Signore, credete nel Signore, egli è il nostro alleato e il nostro protettore. 12. Il Signore che conosce i nostri pensieri, benedica: benedica la Casa di Israele; benedica la Casa di Aronne. 13. Benedica coloro che servono il Signore, il debole come il potente. 14. Che il Signore vi benedica sempre più, voi e i vostri figli. 15. Voi siete benedetti dal Signore, il Creatore del cielo e della terra. 16. I cieli sono del Signore, ma la terra è stata data all'umanità. 17. I morti non possono lodare il Signore e nemmeno chi è nella tomba. 18. Ma noi benediremo il Signore da ora e per sempre. Lodate il Signore!

Centosedici

1. Mi piacerebbe che il Signore ascoltasse la mia voce, desse ascolto alle mie richieste. 2. Se Egli mi ascoltasse nei giorni in cui lo chiamo. 3. La stretta della morte mi ha coperto e la miseria della tomba mi ha assalito; vivo nei guai e nel dolore. 4. Io prego nel Nome del Signore: "Signore, Ti supplico, redimi la mia anima!" 5. Il Signore è buono e giusto; il nostro Dio è compassionevole. 6. Il Signore veglia sull'uomo comune; sono stato abbattuto, ma Egli mi

ha salvato. 7. Ritorna, anima mia alla calma, perché il Signore ha agito con benevolenza verso di te. 8. Perché Tu hai salvato la mia anima dalla morte, i miei occhi dalle lacrime, i miei piedi dall'inciampo. 9. Io camminerò davanti al Signore nella terra dei viventi. 10. Io ho sperato anche quando ho dichiarato: "Sto soffrendo molto". 11. Anche quando ho detto nel mio odio: "Tutti gli uomini sono disonesti". 12. Come posso ripagare il Signore per tutta la Sua grande generosità nei miei confronti? 13. Alzerò il calice della redenzione e canterò il Nome del Signore. 14. Pagherò le mie promesse al Signore tra tutte le nazioni. 15. Triste agli occhi del Signore è la morte dei Suoi fedeli. 16. Ti ringrazio, Signore, che, poiché Ti servo, sono il Tuo servo, figlio della Tua serva, Tu mi hai liberato. 17. A Te porterò un'offerta di ringraziamento e dichiarerò il Nome del Signore. 18. Pagherò le mie promesse al Signore alla presenza di tutto il Suo popolo. 19. Nei cortili della Casa del Signore, in mezzo a Gerusalemme. Lodate il Signore!

Cento diciassette

1. Tutte le nazioni lodano il Signore; benediteLo, tutte voi nazioni. 2. Perché la Sua bontà verso di noi è grande e la verità del Signore è per sempre. Lodate il Signore!

Centodiciotto

1. Lodate il Signore perché Egli è buono, perché la Sua grandezza durerà per sempre. 2. Che Israele dichiari che la Sua benevolenza durerà per sempre. 3. Che la Casa di Aronne dichiari che la Sua benevolenza durerà per sempre. 4. Coloro che servono il Signore dichiarino che la Sua benevolenza durerà per sempre. 5. Dalla mia sofferenza ho chiamato Dio; con grande sollievo, Dio mi ha risposto. 6. Il Signore è con me, perciò non ho paura, cosa può farmi un uomo? 7. Il Signore è con me tra i miei amici e io sarò testimone della distruzione dei miei nemici. 8. È meglio affidarsi al Signore che confidare nell'uomo. 9. È meglio affidarsi al Signore che confidare nei nobili. 10. Tutte le nazioni mi hanno circondato, ma nel Nome del Signore io le abbatterò. 11. Mi hanno attorniato, anzi, mi hanno circondato, ma nel Nome del Signore Io li distruggerò. 12. Mi hanno avvolto come api, ma saranno bruciati come spine infuocate, nel Nome del Signore io li distruggerò. 13. I miei nemici mi hanno spinto a cadere ripetutamente ma il Signore mi ha aiutato. 14. Dio è la mia forza e il mio canto, ed è stato un alleato per me. 15. Il suono della celebrazione e della redenzione fa eco nelle tende dei giusti, "La mano destra del Signore compie azioni coraggiose". 16. La

mano destra del Signore è lodata; la destra del Signore compie azioni coraggiose". 17. Non morirò ma vivrò e racconterò le opere di Dio. 18. Dio mi ha reso disciplinato, ma non mi ha messo a morte. 19. Aprite i cancelli della giustizia per me; Io vi entrerò e loderò Dio. 20. Questo è il cancello del Signore; il giusto entrerà attraverso di esso. 21. Ti ringrazio perché Tu mi hai risposto e sei stato il mio salvatore. 22. La pietra che i costruttori non hanno utilizzato è diventata la pietra angolare principale. 23. Questo è venuto dal Signore ed è meraviglioso ai nostri occhi. 24. Questo è il giorno che il Signore ha creato; rallegriamoci e celebriamolo. 25. Ti preghiamo Signore di redimerci. Ti supplichiamo Signore, concedici il successo. 26. Benedetto chi viene nel Nome del Signore; noi vi benediciamo dalla Casa del Signore. 27. Il Signore è un Dio buono e ci ha dato la luce; legate le offerte della festa con nodi fino a portarle ai corni dell'altare. 28. Tu sei il mio Dio e io Ti loderò, mio Dio e Ti benedirò. 29. Lodate il Signore perché Egli è buono, perché la Sua benevolenza durerà per sempre.

Centodiciannove

1. Benedetti sono coloro la cui via è corretta, che camminano sulla via della legge del Signore. 2. Fortunati coloro che osservano il Suo patto, che Lo

cercano con tutto il cuore. 3. Infatti essi non hanno fatto del male; camminano sulle Sue vie. 4. Tu hai ordinato che i Tuoi insegnamenti fossero osservati correttamente. 5. Il mio desiderio è che io sia indirizzato ad osservare i Tuoi precetti. 6. Allora non sarò imbarazzato quando osservo tutti i Tuoi precetti. 7. Ti ringrazierò con un cuore buono, quando conoscerò i Tuoi giudizi morali. 8. Io osserverò i tuoi precetti, non mi abbandonare completamente. 9. Come può un giovane uomo vivere la sua vita in purezza? Osservando la Tua parola. 10. Ti ho cercato con tutto il mio cuore; fa che non ignori i Tuoi precetti. 11. Ho imparato la Tua volontà col cuore, affinché non pecchi contro di Te. 12. Benedetto sei Tu o Signore; insegnami i Tuoi precetti. 13. Con le mie labbra ho raccontato tutti i giudizi della Tua bocca. 14. Ho festeggiato sulla via della Tua legge, come festeggerei con grandi ricchezze. 15. Parlerò dei Tuoi insegnamenti e osserverò le Tue vie. 16. Eseguirò felicemente i Tuoi precetti; non dimenticherò la Tua parola. 17. Tratta con benevolenza il Tuo servo, affinché io possa vivere per seguire la Tua volontà. 18. Scopri i miei occhi, affinché io possa osservare i miracoli della Tua legge. 19. Sono di passaggio su questa terra; non nascondere i Tuoi precetti per me. 20. La mia anima è sopraffatta dal desiderio dei Tuoi giudizi in ogni momento. 21. Hai criticato gli schernitori spacciati, coloro che ignorano i Tuoi precetti. 22. Allontana da me l'insulto e la mancanza di rispetto, poiché io ho osservato i Tuoi precetti. 23. Anche se i principi si sono seduti e hanno parlato con odio contro di me, io, il Tuo servo, parlo dei Tuoi precetti. 24. Infatti, I Tuoi precetti mi danno gioia e risolvono i miei problemi. 25. La mia anima si aggrappa alla polvere; rianimami secondo la Tua parola. 26. Ho parlato delle mie vie e Tu mi hai risposto; insegnami i Tuoi precetti. 27. Permettimi di comprendere la via del Tuo insegnamento e parlerò dei Tuoi miracoli. 28. La mia anima si scioglie a causa della tristezza; sostienimi secondo la Tua parola. 29. Allontana da me la caratteristica della falsità e gentilmente concedimi la conoscenza della Tua legge. 30. Ho scelto il sentiero della verità; ho osservato a fondo i Tuoi giudizi. 31. Sono rimasto fedele alle Tue testimonianze, o Signore; non mettermi in imbarazzo. 32. Camminerò sulla via dei Tuoi precetti, perché così Tu amplierai la mia conoscenza. 33. Insegnami, o Signore, la via dei Tuoi precetti e la osserverò fino all'ultimo giorno della mia vita. 34. Concedimi la conoscenza e osserverò la Tua legge; la osserverò con tutto il cuore. 35. Guidami sulla via dei Tuoi precetti, perché questo è il mio desiderio. 36. Guida il mio cuore verso le Tue testimonianze e non verso l'ingordigia. 37. Impedisci ai miei occhi di assistere al male; per le Tue vie dammi la vita. 38. Realizza la Tua promessa per il Tuo servo, che porterà il Tuo servo a temerTi. 39. Temo la vergogna, allontanala da me, perché i Tuoi giudizi sono giusti. 40. Ecco, ho desiderato imparare i Tuoi insegnamenti; dammi la vita nella Tua giustizia. 41. E lascia che la Tua bontà mi completi, o Signore, redimimi come Tu mi hai promesso. 42. Io risponderò a quelli che mi deridono, perché credo nella Tua parola. 43. Ti prego di non togliere la parola di verità dalla mia bocca, perché voglio adempiere i Tuoi precetti. 44. Osserverò le Tue leggi per sempre, per l'eternità. 45. E camminerò su strade spaziose, perché cerco il Tuo consiglio. 46. Parlerò delle Tue testimonianze davanti ai re e non avrò vergogna. 47. E mi rallegrerò dei Tuoi precetti che io amo. 48. Solleverò le mie mani sui Tuoi precetti, che amo, e parlerò dei Tuoi decreti. 49. Ricordati della parola che hai promesso al Tuo servo, con la quale gli hai dato speranza. 50. Questo è il mio conforto tra le mie sofferenze, perché la Tua parola mi ha dato la vita. 51. Anche se i malvagi mi deridono fortemente, non mi sono allontanato dalla Tua legge. 52. Quando mi ricordo i Tuoi antichi giudizi, o Signore, io sono confortato. 53. A causa dei malvagi ho incominciato a tremare, di coloro che abbandonano la Tua legge. 54. I Tuoi precetti sono diventati i miei canti nella casa del mio pellegrinaggio. 55. Di notte mi sono ricordato il Tuo Nome, o Signore, e ho osservato la Tua legge. 56. Tutto questo mi è accaduto perché ho seguito i Tuoi insegnamenti. 57. Il Signore è la mia parte; ho promesso di osservare le Tue parole. 58. Ho supplicato davanti a Te con tutto il cuore; abbi pietà di me secondo la Tua parola. 59. Ho considerato le mie azioni e ho riportato i miei piedi alle Tue testimonianze. 60. Mi sono affrettato e non ho rimandato per osservare i Tuoi precetti. 61. Gruppi di uomini malvagi mi hanno derubato, ma io non ho dimenticato la Tua legge. 62. A mezzanotte, mi alzo per ringraziarTi dei Tuoi giudizi giusti. 63. Sono amico di tutti coloro che Ti temono e di quelli che imparano i Tuoi insegnamenti. 64. La Tua bontà, o Signore, riempie la terra; insegnami i Tuoi decreti. 65. Hai trattato con benevolenza il Tuo servo, o Signore, secondo la Tua promessa. 66. Insegnami la bontà e la saggezza della Tua legge, perché io credo nei Tuoi precetti. 67. Prima mi facevo del male e sbagliavo ma adesso osservo la Tua parola. 68. Tu sei buono e gentile, insegnami i Tuoi precetti. 69. Il malvagio mi ha coperto di menzogne, mentre in verità io osservo i Tuoi insegnamenti con tutto il cuore. 70. I loro cuori sono diventati densi come il grasso; ma per quanto mi riguarda, la Tua legge è la causa della mia felicità. 71. È per il mio bene che ho sofferto, affinché possa imparare i Tuoi precetti. 72. La legge della Tua bocca è migliore per me, di migliaia in oro e argento. 73. Le Tue mani mi hanno creato e preparato; dammi la comprensione affinché io possa imparare i Tuoi precetti. 74. Coloro che Ti temono, mi vedranno e faranno festa, perché io confido nella Tua parola. 75. Io so, o Signore, che Tu giudichi con equità; giustamente Tu mi hai fatto soffrire. 76. Fammi trovare conforto nella Tua bontà, come hai promesso al Tuo servo. 77. Compatiscimi, affinché io possa vivere, perché la Tua legge è la mia delizia. 78. Siano svergognati gli schernitori, che mi hanno criticato con falsità; ma io contemplerò i Tuoi insegnamenti. 79. Tornino da me coloro che Ti temono e quelli che conoscono le Tue testimonianze. 80. Che il mio cuore sia perfetto nei Tuoi precetti, così da non avere vergogna. 81. La mia anima desidera da Te la redenzione; io spero nella Tua parola. 82. I miei occhi desiderano la Tua promessa, e dicono: "Quando mi darai conforto?" 83. Anche se mi sono inaridito come un otre in fumo, io non ho dimenticato i Tuoi decreti. 84. Quanti sono i giorni del Tuo servo? Quando eseguirai il giudizio sui miei cacciatori? 85. I malvagi hanno scavato tombe per me, violando la Tua legge. 86. Tutti i Tuoi precetti insegnano la verità, eppure essi mi perseguitano con le menzogne, aiutami! 87. Mi hanno quasi divorato sulla terra, ma io non ho dimenticato i Tuoi insegnamenti. 88. Come si addice alla Tua bontà, concedimi la vita e io osserverò le parole della Tua bocca. 89. Per sempre, O Signore, la Tua parola resta immutata nei cieli. 90. La tua fedeltà dura per tutte le generazioni; Tu hai fondato la terra ed essa rimane. 91. Oggi essi sono pronti ad agire secondo le Tue decisioni, perché tutti gli uomini sono Tuoi servi. 92. Se la Tua legge non fosse stata la mia delizia, io sarei scomparso nella mia sofferenza. 93. Non dimenticherò mai i Tuoi insegnamenti, perché attraverso di essi Tu mi hai sostenuto. 94. Io sono Tuo, salvami, perché ho cercato i tuoi insegnamenti. 95. Il malvagio spera di distruggermi, ma io contemplo i Tuoi decreti. 96. Ho visto la fine in ogni proposito, ma il Tuo comandamento è immensamente ampio. 97. O quanto amo la Tua legge! Tutto il giorno io ne parlo. 98. I Tuoi precetti mi rendono più saggio dei miei nemici, perché sono sempre con me. 99. Da tutti i miei maestri ho acquisito saggezza, perché i Tuoi decreti sono quelli di cui parlo di più. 100. Io sarò più sensibile degli anziani, perché ho seguito i Tuoi insegnamenti. 101. Mi sono allontanato da ogni cammino malvagio, per poter osservare la Tua parola. 102. Io non mi sono allontanato dai Tuoi giudizi, perché Tu mi hai istruito. 103. Quanto sono dolci le Tue parole nella mia bocca, più dolci del miele per me! 104. Dai Tuoi insegnamenti io ottengo conoscenza, perciò odio ogni sentiero di falsità. 105. La Tua parola è luce per i miei piedi e lume per il mio cammino. 106. Io ho giurato e lo adempirò, di osservare i Tuoi retti giudizi. 107. Io sto soffrendo immensamente: concedimi la vita, O Signore, secondo la Tua promessa. 108. Accetta con favore, O Signore, le offerte delle mie labbra e insegnami le Tue leggi. 109. La mia anima è sempre in pericolo, eppure non ho dimenticato la Tua legge. 110. Il male mi ha teso una trappola, eppure non mi sono allontanato dai Tuoi insegnamenti. 111. Ho preso i Tuoi precetti come un'eredità eterna, perché essi sono la gioia del mio cuore. 112. Ho chinato il mio cuore per eseguire i Tuoi precetti, per sempre, fino alla fine. 113. Disprezzo i pensieri cattivi, perciò amo la Tua legge. 114. Tu sei il mio protettore e il mio scudo; ripongo la speranza nella Tua promessa. 115. Allontanatevi da me, malfattori, e io osserverò i precetti del mio Dio. 116. Sostienimi secondo la Tua promessa e io vivrò; non farmi vergognare a causa della mia fede. 117. Sostienimi, e io sarò salvato e sarò sempre immerso nei Tuoi decreti. 118. Distruggi tutti coloro che si allontanano dalla Tua legge, perché il loro inganno è falso. 119. Hai eliminato tutto il male della terra come spazzatura, perciò amo i Tuoi decreti. 120. La mia carne trema di paura per Te e sono in soggezione per i Tuoi giudizi. 121. Ho praticato la giustizia e la rettitudine, non lasciarmi ai miei nemici. 122. Garantisci al Tuo servitore bontà, non permettere che il male abusi di me. 123. I miei occhi desiderano la Tua redenzione e la parola della Tua giustizia. 124. Tratta il Tuo servo con gentilezza e insegnami i Tuoi precetti. 125 Io sono il Tuo servitore, concedimi la conoscenza, perché io possa conoscere i Tuoi decreti. 126. È tempo di agire per il Signore; essi sono andati contro la Tua legge. 127. Perciò io amo i tuoi precetti più dell'oro e anche più dell'oro fine. 128. Perciò ho confermato tutti i Tuoi insegnamenti; ho odiato ogni falsa via.

129. I Tuoi comandamenti sono miracolosi; perciò la mia anima li osserva. 130. Le Tue parole all'inizio illuminano, sono illuminanti per l'uomo semplice. 131. Ho aperto la bocca e ho inghiottito; perché ho desiderato i Tuoi precetti. 132. Rivolgiti a me e trova favore in me, come è la Tua legge per quelli che amano il Tuo Nome. 133. Mettimi sulla via della Tua parola e non fare che il male mi governi. 134. Liberami dall'oppressione dell'uomo e io seguirò i Tuoi insegnamenti. 135. Fa splendere il Tuo volto sul Tuo servo, e insegnami i Tuoi decreti. 136. I miei occhi piangono ruscelli d'acqua, perché essi non osservano la Tua legge. 137. Tu sei giusto, O Signore, e i Tuoi giudizi sono equi. 138. Tu hai ordinato i Tuoi precetti con giustizia e grande accuratezza. 139. Il mio entusiasmo mi consuma,

perché i miei nemici hanno dimenticato le Tue parole. 140. La Tua parola è molto onesta e il Tuo servo la custodisce. 141. Io sono giovane e odiato ma non dimentico i Tuoi insegnamenti. 142. La Tua è una morale eterna e la Tua legge è onesta. 143. I problemi e l'angoscia si sono impossessati di me ma i Tuoi precetti sono la mia gioia. 144. I Tuoi precetti sono giusti per sempre; dammi la conoscenza, perché io possa vivere. 145. Ti invoco con tutto il cuore, rispondimi, O Signore; io osserverò i Tuoi decreti. 146. Ti invoco, salvami e io osserverò i Tuoi precetti. 147. Mi sono alzato prima dell'alba e ho gridato; la mia speranza è nella Tua parola. 148. I miei occhi vanno davanti ai guardiani della notte, perché io parli della Tua parola. 149. Ascolta la mia voce che segue la Tua bontà; O Signore, concedimi la vita, come è Tua abitudine. 150. Quelli che perseguono il male si avvicinano; sono lontani dalla Tua legge. 151. Tu sei vicino, O Signore, e tutti i Tuoi precetti sono verità. 152. Fin dal principio ho distinto i Tuoi decreti che avevi stabilito per loro per sempre. 153. Testimonia la mia sofferenza e liberami, perché io non ho dimenticato la Tua legge. 154. Combatti la mia battaglia e liberami; concedimi la vita per amore della Tua parola. 155. La redenzione è lontana dai malvagi, perché essi non seguono i Tuoi decreti. 156. Le Tue gentilezze sono grandi, O Signore;

concedimi la vita come è Tua abitudine. 157. I miei cacciatori e i miei nemici sono potenti e numerosi, eppure non mi sono allontanato dai Tuoi decreti. 158. Ho visto dei traditori e ho discusso con loro, perché essi non osservano le Tue parole. 159. Osserva come amo i Tuoi insegnamenti; concedimi la vita, O Signore, secondo la Tua bontà. 160. Il principio della Tua parola è la verità ed eterni sono tutti i Tuoi giudizi morali. 161. I principi mi hanno dato la caccia senza motivo ma è la Tua parola che il mio cuore teme. 162. Festeggio la Tua legge, come chi trova grandi ricchezze. 163. Odio la falsità e la disprezzo, perciò amo la Tua legge. 164. Sette volte al giorno Ti lodo, a causa dei Tuoi giudizi giusti. 165. C'è pace in abbondanza per quelli che amano la Tua legge e non c'è fallimento per loro. 166. Prego perché Tu mi redima, O Signore, e ho eseguito i Tuoi precetti. 167. La mia anima ha osservato i Tuoi precetti e io li amo intensamente. 168. Ho osservato i Tuoi insegnamenti e i tuoi precetti, perché tutte le mie vie sono in accordo con Te. 169. Che le mie preghiere Ti raggiungano, O Signore, concedimi la conoscenza secondo la Tua promessa. 170. Che la mia richiesta arrivi davanti a Te; salvami secondo la Tua promessa. 171. Le mie labbra pronunceranno lodi, perché Tu mi hai insegnato i Tuoi decreti. 172. La mia lingua fa eco alla Tua parola, perché tutti i Tuoi precetti sono equi. 173. Che la Tua mano sia pronta ad assistermi, perché io ho scelto i Tuoi insegnamenti. 174. Desidero la Tua redenzione, O Signore, e la Tua legge è causa della mia gioia. 175. Fa che la mia anima viva e Ti benedirà, e che i Tuoi giudizi mi siano d'aiuto. 176. Mi sono smarrito come una pecora che si è persa; cerca il Tuo servo, perché non ho dimenticato i Tuoi precetti.

Centoventi

1. Un canto di ascesa. Ho invocato il Signore nel mio dolore ed Egli mi ha risposto. 2. O Signore, libera la mia anima dalle labbra della falsità, da una lingua che mente. 3. Che cosa Egli può darti e cosa può ancora toglierti, o lingua che mente? 4. Assomigli alle frecce affilate di un potente e ai carboni di legno di ginestra. 5. Guai a me che ho vissuto temporaneamente tra Meshech e che ho abitato accanto alle tende di Kedar. 6. Troppo a lungo la mia anima ha dimorato tra quelli che odiano la pace. 7. Io sono per la pace, ma quando parlo, essi sono per la guerra.

Centoventuno

1. Un canto di ascesa. Alzo gli occhi per vedere le montagne, da dove verrà il mio aiuto? 2. Il mio aiuto verrà dal Signore, Creatore dei cieli e della

terra. 3. Egli non lascerà scivolare il tuo piede; il tuo protettore non riposa. 4. Infatti, il Guardiano di Israele non riposa e non dorme. 5. Il Signore è il tuo protettore, il Signore è lo scudo alla tua mano destra che ti protegge. 6. Il sole non ti danneggerà di giorno, né la luna di notte. 7. Il Signore Ti proteggerà da tutti i mali; Egli custodirà la tua anima. 8. Il Signore custodirà il tuo andare e il tuo venire da ora e per sempre.

Centoventidue

1. Un canto di ascesa di David. Io ho festeggiato quando mi hanno detto: "Andiamo alla Casa del Signore". 2. Eravamo davanti ai Tuoi cancelli, O Gerusalemme. 3. Gerusalemme è costruita come una città nella quale tutto Israele è unito insieme. 4. Perché le tribù vi andavano, le tribù di Dio, come decretato su Israele, per offrire lodi al Signore. 5. Perché lì si trovavano le sedi dei giudizi, i troni della casa di David. 6. Preghiamo per la pace di Gerusalemme; che coloro che ti servono abbiano pace. 7. Che ci sia pace nei tuoi confini, calma nei tuoi palazzi. 8. Per il bene della mia famiglia e degli amici, io chiedo che ci sia pace in te. 9. Per il bene della Casa del Signore nostro Dio, io desidero il tuo benessere.

Salmi Centoventitre

1. Un canto di ascesa. Ho alzato gli occhi a Te, Tu che sei sul trono in cielo. 2. Infatti, come gli occhi dei servi guardano la mano dei loro padroni, gli occhi della serva la mano della sua padrona, così i nostri occhi sono rivolti al Signore nostro Dio, finché Egli non sarà benevolo con noi. 3. Sii buono con noi, Signore, sii buono con noi, perché abbiamo visto troppi disagi. 4. La nostra anima è sommersa dalla derisione degli agiati, dal disprezzo degli arroganti.

Centoventiquattro

1. Un canto di ascesa di David. Che dichiari Israele: Se non fosse per il Signore che era con noi. 2. Se non fosse stato per il Signore che era con noi quando gli uomini si levarono contro di noi. 3. Allora ci avrebbero divorato vivi nella loro furia infuocata contro di noi. 4. Allora le acque ci avrebbero affogato, la corrente avrebbe travolto la nostra anima. 5. Allora le acque impetuose avrebbero travolto la nostra anima. 6. Benedetto è il Signore, che non ha permesso che ci cacciassero per soddisfare il loro appetito. 7. La nostra anima è come un uccello che è sfuggito alla trappola dei cacciatori; la trappola si è rotta e noi siamo fuggiti.

8. La nostra fiducia è nel Nome del Signore, il Creatore del cielo e della terra.

Centoventicinque

1. Un canto di ascesa. Chi crede nel Signore non scivola mai, proprio come il Monte Sion, essi dureranno per sempre. 2. Le montagne attorniano Israele e il Signore circonda il Suo popolo da ora fino all'eternità. 3. Perché lo scettro del male non colpirà mai il gruppo dei giusti; perciò, i giusti non hanno bisogno di tendere la loro mano al male. 4. Sii caritatevole, O Signore, verso i buoni e verso coloro che sono retti di cuore. 5. Ma per quanto riguarda i disobbedienti, che il Signore li conduca con chi fa il male. La pace sia su Israele.

Centoventisei

1. Un canto di ascesa. Quando il Signore farà tornare gli esiliati di Sion, noi saremo stati per loro come oggetti di sogno. 2. Allora la nostra bocca sarà piena di risate e la nostra lingua canterà canti di gioia; allora essi diranno tra le nazioni: "Il Signore ha fatto grandi cose per questo popolo". 3. Il Signore ha fatto grandi cose per noi; noi eravamo felici. 4. Signore fai tornare i nostri esiliati, come corsi d'acqua che tornano alla terra arida. 5. Coloro

che piantano lacrime raccoglieranno canti di gioia.
6. Egli procede piangendo, portando il sacco di sementi; tornerà sicuramente con canti di gioia, portando i suoi fasci di prodotti.

Centoventisette

1. Un canto di ascesa per Salomone. Se il Signore non costruisce una casa, allora i suoi costruttori vi lavorano invano. Se il Signore non protegge una città, la vigilanza del suo guardiano non serve a nulla. 2. Non è di utilità per voi, voi che vi alzate presto, che state in piedi fino a tardi, che mangiate il pane con timore, perché Egli dà il sonno ai Suoi cari. 3. Ecco, l'eredità del Signore sono i Suoi figli; il frutto del grembo è la Sua ricompensa. 4. Come frecce nella mano di un uomo forte, così sono i figli della gioventù. 5. Benedetto è l'uomo che ne è pieno; essi non si vergogneranno quando parleranno con i nemici in luoghi pubblici.

Centoventotto

1. Un canto di ascese. Benedetto è ogni uomo che teme il Signore, colui che vive secondo le Sue leggi. 2. Quando mangerai dal lavoro delle tue mani, sarai soddisfatto e benedetto. 3. Tua moglie sarà come una vite feconda nelle stanze interne della tua casa; i

tuoi figli saranno come giovani semi di olivo intorno alla tua tavola. 4. L'uomo che teme il Signore sarà anche benedetto. 5. Possa il Signore benedire te, dentro e fuori Sion, e che tu possa vedere la benevolenza di Gerusalemme per tutti i giorni della tua vita. 6. E che tu possa vedere nascere i figli dei tuoi figli; la pace sia su Israele.

Centoventinove

1. Un canto di ascesa. "Mi hanno perseguitato molto, dalla mia giovinezza fino ad ora". Che anche Israele lo dichiari ora. 2. "Molti mi hanno perseguitato dalla mia giovinezza fino ad ora, ma non hanno avuto successo contro di me". 3. Il contadino ha arato sulla mia schiena; essi volevano prolungare il loro canale. 4. Ma il Signore è equo, ha ucciso i ribelli. 5. Essi saranno umiliati e tutti i nemici di Sion se ne andranno. 6. Essi saranno come erba sui tetti che trema prima di essere strappata. 7. Qui il mietitore non ha mai riempito la sua mano, né il suo braccio chi lega i raccolti. 8. E di cui i passanti non hanno mai detto: "la benedizione del Signore sia su di voi; vi benediciamo nel Nome del Signore".

Centotrenta

1. Un canto di ascesa. Dal profondo Ti invoco, O Signore. 2. Mio Signore, ascolta la mia voce; che le Tue orecchie sentano il suono delle mie suppliche. 3. Dio, se Tu lasciassi sopravvivere malfattori, mio Signore, chi altro potrebbe sopravvivere? 4. Ma il perdono è in Te, affinché Tu sia grandioso agli occhi del Tuo popolo. 5. Credo nel Signore; la mia anima crede; e desidero la Sua parola. 6. La mia anima desidera più di quanto chi aspetta il mattino desideri il mattino. 7. Israele, riponi la Tua fiducia nel Signore, perché il Signore agisce con benevolenza; con Lui ci sono molte redenzioni. 8. Ed Egli redimerà Israele da tutti i suoi nemici.

Centotrentuno

1. Un canto di ascesa, di Davide, O Signore, il mio cuore non si è inorgoglito, né i miei occhi sono stati arroganti. Non ho cercato cose troppo grandi o troppo miracolose per me. 2. Certo, ho messo in pace la mia anima, e l'ho calmata come un neonato nutrito da sua madre; la mia anima era come un neonato allattato. 3. Che Israele creda nel Signore da questo momento fino all'eternità.

Centotrentadue

1. Un canto di ascesa. O Signore, ricordati di tutte le sofferenze di Davide. 2. Come egli giurò al Signore e fece voto al Grande Potere di Giacobbe. 3. "Non entrerò nella mia casa; non salirò sul letto che mi è stato preparato. 4. Non farò riposare i miei occhi, né permetterò alle mie palpebre di assopirsi. 5. Finché non avrò trovato un luogo per il Signore, un luogo di riposo per il Grande Potere di Giacobbe". 6. Ecco, noi ne abbiamo sentito parlare a Efran, lo abbiamo trovato nel campo della foresta. 7. Noi andremo nei Suoi luoghi di riposo; ci prostreremo ai Suoi piedi. 8. Ascendi, O Signore, al Tuo luogo di riposo, Tu e l'Arca della Tua potenza. 9. Che i Tuoi sacerdoti si vestano di moralità e i Tuoi sacerdoti intonino canti felici. 10. Per amore di Davide il Tuo servo, non distogliere il volto dei Tuoi eletti. 11. Perché il Signore ha promesso a Davide una verità dalla quale Egli non recederà mai: "Dal frutto del tuo ventre Io ti farò sedere sul trono". 12. Se i vostri figli manterranno il Mio patto e questa Mia testimonianza che insegnerò loro, anche i loro figli siederanno sul trono per voi fino alla fine dei tempi. 13. Perché il Signore ha scelto Sion; Egli l'ha voluta come Sua dimora. 14. Questo è il Mio luogo di riposo fino alla fine dei tempi. Qui risiederò, perché Io l'ho scelto. 15. Benedirò abbondantemente la sua

terra; Sazierò con il pane gli indigenti. 16. Vestirò i suoi sacerdoti con la redenzione e i suoi fedeli canteranno canzoni felici. 17. Lì farò fiorire il potere di Davide; lì ho preparato un lume per il Mio unto. 18. Coprirò di vergogna i Suoi nemici ma su di lui farò una corona fiorita.

Centotrentatre

1. Un salmo di ascesa, di David. Ecco, quant'è buono e quant'è piacevole quando i fratelli vivono insieme. 2. Come l'olio prezioso versato sul capo, che scorre copioso sulla barba, la barba di Aronne che poggia sulle sue vesti. 3. Come la rugiada del Monte Hermon che scende sui monti di Sion, per questo il Signore ha dichiarato la lode, la vita fino all'eternità.

Centotrentaquattro

1. Un canto di ascesa. Ecco: Benedite il Signore, tutti i Suoi servi che stanno nella Casa del Signore di notte. 2. Alzate le mani in santità e benedite il Signore. 3. Possa il Signore, che ha creato il cielo e la terra, benedirvi fuori e dentro Sion.

Centotrentacinque

1. Lodate il Signore! Lodate il Nome del Signore; offrite lode, voi Suoi servi. 2. Voi che state nella Casa del Signore, nella corte della Casa del nostro Dio. 3. Lodate il Signore, perché il Signore è buono; cantate il Suo Nome, perché è buono. 4. Perché Dio ha scelto Giacobbe per Sé, Israele come Suo tesoro prediletto. 5. Perché io so che il Signore è potente, il nostro Padrone è più grande di tutti gli esseri soprannaturali. 6. Tutto ciò che il Signore ha voluto lo ha fatto, nei cieli e sulla terra, nelle profondità dei mari. 7. Egli fa salire la nebbia dagli angoli della terra; fa scaturire lampi e pioggia; Egli fa uscire il vento dai suoi scrigni. 8. Fu Lui ad uccidere i primogeniti d'Egitto, i primogeniti di uomini e bestie. 9. Egli mandò segni e miracoli in mezzo all'Egitto, sul Faraone e su tutta la sua nazione. 10. Fu Lui a colpire molti popoli e a decapitare re potenti: 11. Sicon, re degli Amorrei; Og, re di Basan e tutti i regni di Canaan. 12. E diede le loro terre come eredità, un'eredità al Suo popolo Israele. 13. Signore Il Tuo nome è eterno; Signore, la Tua eredità è eterna per tutte le generazioni. 14. Infatti, il Signore giudicherà a favore del Suo popolo e sarà benevolo con i Suoi servi. 15. Gli idoli delle nazioni sono argento e oro, prodotto delle mani dell'uomo. 16. Essi hanno una bocca, ma non possono parlare;

hanno occhi ma non possono vedere. 17. Hanno orecchie ma non possono sentire; né la loro bocca può respirare. 18. Come loro diventeranno i loro creatori, tutti quelli che credono in loro. 19 La Casa di Israele, benedica il Signore; la Casa di Aronne, benedica il Signore. 20. La Casa di Levi benedica il Signore; voi che temete il Signore, benedite il Signore. 21. Benedetto è il Signore di Sion, che dimora a Gerusalemme. Lode al Signore!

Centotrentasei

1. Lodate il Signore perché Egli è buono, perché la Sua bontà è eterna. 2. Lodate il Dio degli esseri soprannaturali, perché la Sua bontà è eterna. 3. Lodate il Padrone delle schiere celesti, perché la Sua bontà è eterna. 4. Il solo che compie grandi miracoli, perché la Sua bontà è eterna. 5. Che fa i cieli con sapienza, perché la Sua bontà è eterna. 6. Chi ha fatto la terra sopra le acque, perché la Sua bontà è eterna. 7. Che fa le grandi luci, perché la Sua bontà è eterna. 8. Il sole per governare il giorno, perché la Sua bontà è eterna. 9. La luna e le stelle per governare la notte, perché la Sua bontà è eterna. 10. Che ha colpito l'Egitto attraverso i suoi primogeniti, perché la Sua bontà è eterna. 11. E ha portato Israele fuori dalla loro terra, perché la Sua bontà è eterna. 12. Con mano forte e braccio teso, perché la Sua

bontà è eterna. 13. Che ha separato il Mar Rosso in due parti, perché la Sua bontà è eterna. 14. E ha guidato Israele attraverso di esso, perché la Sua bontà è eterna. 15. E ha lasciato annegare il Faraone e il suo esercito nel Mar Rosso, perché la Sua bontà è eterna. 16. Che ha guidato il Suo popolo attraverso il deserto, perché la Sua bontà è eterna. 17. Che distrusse grandi regni, perché la Sua bontà è eterna. 18. E ha decapitato potenti re, perché la Sua bontà è eterna. 19. Sichon, il re degli Amorrei, perché la Sua bontà è eterna. 20. E Og, il re di Basan, perché la Sua bontà è eterna. 21. E ha dato la loro terra come ricompensa, perché la Sua bontà è eterna. 22. Un'eredità per Israele, i Suoi servi, perché la Sua bontà è eterna. 23. Che si è ricordato di noi nella nostra difficoltà, perché la Sua bontà è eterna. 24. E ci ha liberato dai nostri oppressori, perché la Sua bontà è eterna. 25. Che ha dato cibo a tutti quelli che ne hanno bisogno, perché la Sua bontà è eterna. 26. Lodate il Dio del cielo, perché la Sua bontà è eterna.

Centotrentasette

1. Presso i fiumi di Babilonia, là noi ci siamo seduti e abbiamo pianto, ricordando Sion. 2. Là, sui salici, abbiamo appeso le nostre arpe. 3. Perché là i nostri carcerieri hanno chiesto di sentirci cantare e, coloro

che ci deridevano, si rallegravano e dicevano:
"Cantate per noi i canti di Sion". 4. Come possiamo
cantare il canto del Signore in una terra straniera? 5.
Se io ti dimentico, Gerusalemme, fa che la mia
mano destra dimentichi la sua abilità. 6. Che la mia
lingua si attacchi ai denti se io non mi ricorderò di
te, se non penserò a Gerusalemme durante la mia
gioia più grande! 7. Ricordati, O Signore, contro gli
Edomiti il giorno della distruzione di Gerusalemme,
quando dissero: "Distruggetela, distruggetela fino
alle fondamenta". 8. O Babilonia, che sei destinata
ad essere solo un deserto, felice è chi ti ripagherà
secondo ciò che tu ci hai inflitto. 9. Felice è colui che
afferrerà e schiaccerà i tuoi infanti contro una
roccia!"

Centotrentotto

1. Di Davide. Ti ringrazierò con tutto il mio cuore,
tra i principi io loderò Te. 2. Mi inchinerò verso la
Tua Santa Dimora e loderò il Tuo Nome per la Tua
grazia e la Tua verità; perché hai reso la Tua parola
solenne sopra tutti i Tuoi Nomi. 3. Nel giorno che
Ti ho invocato, Tu mi hai risposto, mi hai
incoraggiato, hai dato forza alla mia anima. 4.
Signore, tutti i re della terra ti ringrazieranno
quando ascolteranno le parole della Tua bocca. 5.
Ed essi canteranno le vie del Signore, perché la

bontà del Signore è grande. 6. Perché il Signore è eccelso, Egli vede il basso, l'Altissimo lo rimprovera da lontano. 7. Se io cammino nella terra della sofferenza, tienimi in vita; contro la malvagità dei miei nemici, stendi la Tua mano e fa che la Tua mano destra mi redima. 8. Signore fa che la Tua benevolenza sia in mio favore. Signore, la Tua bontà è eterna, non abbandonare le opere delle Tue mani.

Centotrentanove

1. Per il Direttore, un salmo di Davide. O Signore, Tu mi hai esaminato e mi conosci. 2. Tu sai quando mi siedo e quando mi alzo; Tu capisci il mio pensiero da lontano. 3. Tu mi circondi quando vado e quando resto; Tu sei abituato a tutte le mie vie. 4. Perché non c'era ancora una parola sulla mia lingua, ed ecco, Signore, Tu sapevi tutto. 5. Mi hai sopraffatto davanti e dietro e hai posto la Tua mano su di me. 6. Sapere come sfuggire a Te va oltre me; è immenso; io non posso capirlo. 7. Dove posso andare per sfuggire al Tuo potere? E dove posso nascondermi dalla Tua presenza? 8. Se salgo nei cieli, Tu sei lì; se mi corico nella tomba, ecco che Tu sei anche lì. 9. Se dovessi volare all'alba e vivere nella parte più remota del mare. 10. Anche lì, la Tua mano mi condurrebbe; la Tua mano destra mi sosterrebbe. 11. Se dicessi: "Certamente l'oscurità mi

farà ombra", allora la notte intorno a me sarebbe come una luce. 12. Anche l'oscurità non Ti nasconde nulla; e la notte risplende come il giorno, l'oscurità è come la luce. 13. Perché Tu hai creato la mia mente; Tu mi hai coperto nel ventre di mia madre. 14. Ti ringrazierò, perché sono stato formato in un modo impressionante e miracoloso; le Tue azioni sono incredibili, anche la mia anima lo sa bene. 15. Il mio spirito non Ti era nascosto, nemmeno quando sono nato in occulto, formato nelle profondità della terra. 16. I tuoi occhi hanno osservato la mia forma umana; tutte le cose sono scritte nel Tuo libro, anche quelle che si formeranno nei giorni futuri: per Lui sono tutte uguali.17. Quanto mi sono preziosi i Tuoi pensieri, O Dio! Come sono travolgenti i Tuoi pensieri, persino i loro inizi! 18. Se dovessi contarli, sarebbero più numerosi dei granelli di sabbia, anche se rimanessi sveglio e sempre con Te. 19. Oh se Tu uccidessi i malvagi, o Dio e gli uomini sanguinari ai quali dico: "Allontanatevi da me!" 20. Essi Ti lodano per i piani malvagi, i Tuoi nemici Ti lodano per falsità. 21. Infatti io odio quelli che Ti odiano, Signore; lotto con quelli che Ti odiano. 22. Io li odio con un odio estremo; li considero come miei nemici. 23. Cercami, Signore, e conosci il mio cuore; mettimi alla prova e conosci i miei pensieri. 24. Vedi se in me c'è una caratteristica iniqua e allora guidami sulla via del mondo.

Centoquaranta

1. Per il Direttore, un salmo di Davide. 2. Salvami dall'uomo malvagio, proteggimi dagli uomini pericolosi. 3. Coloro che progettano trame malvagie nel loro cuore; ogni giorno preparano guerre. 4. Essi affilano le loro lingue come quella di un serpente; come se sotto le loro labbra ci fosse il veleno di un ragno. 5. Proteggimi, Signore, dalle mani del malvagio, proteggimi dagli uomini violenti, quelli che tramano per far scivolare i miei piedi. 6. Gli arroganti hanno nascosto una trappola e delle corde per me, hanno steso una rete sul mio cammino, essi tentano di intrappolarmi in ogni momento. 7. Ho detto al Signore: "Tu sei il mio Dio!" Ascolta, O Signore, la voce delle mie suppliche. 8. Dio, mio Signore, forza della mia redenzione, Tu hai protetto il mio capo nel giorno della battaglia armata. 9. Signore, non dare al malvagio ciò che desidera; non permettere che le sue trame abbiano successo, fa che gli sia impossibile per sempre. 10. Quanto alla testa dei miei nemici, lascia che le menzogne delle loro labbra li seppelliscano. 11. Che il carbone ardente cada su di loro; che li spinga nel fuoco, in fosse profonde, per non risalire mai più. 12. Non lasciare

che l'uomo malvagio sia conosciuto nel paese; che le insidie dell'uomo violento lo intrappolino finché non venga trovato e distrutto. 13. So che il Signore eseguirà il giudizio con equità per i disperati e giustizia per i bisognosi. 14. Infatti, il giusto loderà il tuo Nome; i retti vivranno nella Tua presenza.

Centoquarantuno

1. Un salmo di Davide. O Signore, Ti ho chiamato, accorri in mio aiuto; ascolta la mia voce quando Ti chiamo. 2. Fa che la mia preghiera sia come un profumo dolce per Te, alzo le mie mani come un'offerta pomeridiana. 3. O Signore, guarda cosa esce dalla mia bocca, custodisci la porta delle mie labbra. 4. Non permettere al mio cuore di desiderare una cosa cattiva e di compiere azioni malvagie, con uomini che sono malfattori; fa sì che non partecipi al loro male. 5. Lascia che il giusto mi influenzi per essere buono e mi rimproveri; come il più fine degli olii, che il mio capo non gli dica di no. Perché finché vivrò, la mia preghiera è di evitare il loro danno. 6. Perché i loro giudici sono scivolati dato che i loro cuori sono come pietra, anche se hanno ascoltato le mie parole e sono stati buoni con me. 7. Come un legno avanzato, tagliato da un boscaiolo, così le nostre ossa sono state sparse intorno alla tomba. 8. I miei occhi guardano il mio Signore; in Te trovo

sicurezza; non riversare la mia anima. 9. Proteggimi dalle trappole che mi hanno teso e dalle insidie dei malfattori. 10. Cadano tutti i malvagi nelle loro reti, fino a che io non li avrò superati.

Centoquarantadue

1. Un salmo intellettuale di Davide, quando era in una grotta, una preghiera. 2. Con la mia voce griderò al Signore; con la mia voce invocherò il Signore in preghiera. 3. Gli parlerò dei miei desideri; dichiarerò la mia sofferenza alla Sua presenza. 4. Quando il mio spirito è debole dentro di me, Tu conosci il mio sentiero. Sulla via nella quale cammino, essi hanno nascosto una trappola per catturarmi. 5. Guarda alla mia destra e vedi che non c'è nessuno che mi conosca; ogni via d'uscita mi è nascosta. Nessuno si prende cura di me. 6. Ti ho invocato, O Signore; ho detto: "Tu sei il mio rifugio sicuro, la mia proprietà nella terra dei viventi". 7. Ascolta il mio canto di preghiera, perché sono stato trascinato molto in basso. Salvami dai miei cacciatori, perché essi sono troppo potenti per me. 8. Libera la mia anima dalla prigione, in modo che possa conoscere il Tuo Nome. A causa mia, il giusto Ti incoronerà quando Tu mi tratterai benevolmente.

Centoquarantatre

1. Un salmo di Davide. O Signore, ascolta la mia preghiera, ascolta i miei desideri. Rispondimi con la Tua fedeltà e giustizia. 2. Non giudicare il Tuo servo, perché nessun essere vivente sarebbe giustificato davanti a Te. 3. Perché il nemico ha dato la caccia alla mia anima; egli ha distrutto la mia vita; mi ha posto in luoghi oscuri, come quelli che sono morti per sempre. 4. Allora il mio spirito si è indebolito dentro di me; il mio cuore si è smarrito in me. 5. Mi sono ricordato dei vecchi tempi; ho contemplato tutte le Tue azioni; ho raccontato le Tue opere. 6. Ho alzato le mani verso di Te; come una terra sofferente la mia anima desiderava vederTi, per sempre. 7. Rispondimi presto, O Signore, il mio spirito è finito; non nascondermi il Tuo volto, perché io non diventi come quelli che scendono nella fossa. 8. Fammi vedere la Tua bontà al mattino, perché ho creduto in Te. Fammi conoscere la via nella quale posso camminare, perché ho dato a Te la mia vita. 9. Salvami dai miei nemici, O Signore. Grazie a Te ho nascosto i miei problemi a tutti. 10. Insegnami a vivere secondo le Tue leggi, perché Tu sei il mio Dio. Che il Tuo spirito gentile mi guidi sulla retta via. 11. Per amore del Tuo Nome, O Signore, dammi la vita; nella Tua giustizia, allevia la mia anima dal dolore. 12. E nella

Tua bontà, distruggi i miei nemici e demolisci tutti quelli che approfittano della mia anima, perché io sono il Tuo servo.

Centoquarantaquattro

1. Da Davide. Benedite il Signore, Colui che mi sostiene, che prepara me alla battaglia e le mie dita alla guerra. 2. La mia sorgente di bontà e la mia fortezza, la mia torre elevata e il mio salvatore, mio scudo, il mio rifugio sicuro, è Lui che fa inchinare il mio popolo a me. 3. O Signore, cos'è l'uomo per Te che Tu debba riconoscerlo; un mortale, che Tu debba notare? 4. I giorni dell'uomo sono come un soffio, i suoi giorni sono come un'ombra passeggera. 5. O Signore, apri i Tuoi cieli e scendi; tocca le montagne ed esse diventeranno vapore. 6. Fai scoccare un lampo e li metterai in fuga; lancia le tue frecce e li confonderai. 7. Stendi le Tue mani dall'alto, salvami e riscattami da molte acque, dalla mano degli stranieri. 8. La cui bocca parla di menzogne e la cui mano destra di inganno. 9. Dio, Ti canterò un canto nuovo, suonerò per Te l'arpa con dieci corde. 10. Colui che garantisce la vittoria ai re, salverà Davide, il Suo servo, dalla spada del male. 11. Salvami e redimimi dalla mano dello straniero, la cui bocca mente e la cui mano destra è la mano destra della falsità. 12. Affinché i nostri figli

siano come piante, cresciuti in gioventù fino all'età adulta; le nostre figlie sino come pietre angolari, intagliate come in un palazzo. 13. I nostri magazzini siano pieni, traboccanti di ogni tipo di cibo; il nostro bestiame aumenti a migliaia, crescendo a decine di migliaia nei nostri campi aperti. 14. I nostri capi portino il fardello più pesante; non c'è nessuno che sfonda, né c'è una cattiva notizia, né un grido di protesta nelle nostre strade. 15. Felice è la nazione che è così. Felice la nazione il cui Dio è il Signore.

Centoquarantacinque

1. Un salmo di lode di Davide: Io Ti loderò, mio Dio il Re e benedirò il Tuo Nome per sempre. 2. Ogni giorno io Ti benedirò e loderò il Tuo Nome per sempre. 3. Il Signore è grande ed estremamente lodato; non c'è limite al Suo potere. 4. Una generazione dopo l'altra loderà le Tue opere e racconterà le Tue azioni potenti. 5. Proclamerò la gloria della Tua splendida maestà e delle Tue azioni miracolose. 6. Essi proclameranno la potenza delle Tue azioni impressionanti e io racconterò la Tua grandezza. 7. Essi racconteranno il ricordo della Tua grande bontà e canteranno della Tua giustizia. 8. Il Signore è buono e misericordioso, lento all'ira e di grande bontà. 9. Il Signore è buono con tutti e le Sue

misericordie sono notate da tutte le Sue creature. 10. Signore, tutte le Tue creature Ti benediranno e i Tuoi fedeli ti benediranno. 11. Essi dichiareranno la gloria del Tuo regno e racconteranno della Tua potenza. 12. Per far conoscere agli uomini le Sue grandi azioni e la splendida maestà del Suo regno. 13. Il Tuo regno è su tutti i mondi e il Tuo governo è eterno. 14. Il Signore solleva tutti quelli che cadono e raddrizza tutti coloro che sono piegati. 15. Gli occhi di tutti guardano con speranza a Te e Tu dai loro cibo al momento giusto. 16. Apri la Tua mano e soddisfi i desideri di ogni essere vivente. 17. Il Signore è giusto in tutte le Sue vie e buono in tutte le Sue azioni. 18. Il Signore è vicino a tutti coloro che Lo invocano, a tutti coloro che Lo chiamano con onestà. 19. Egli esaudisce il desiderio di quelli che Lo servono, Egli ascolta le loro grida e li redime. 20. Il Signore protegge tutti quelli che Lo amano e distrugge tutto il male. 21. La mia bocca canterà la lode del Signore e ogni carne benedirà il Suo santo Nome per sempre.

Centoquarantasei

1. Lodate il Signore! Loda il Signore, O mia anima. 2. Canterò con la mia anima al Signore; canterò lodi al mio Dio per tutta la mia esistenza. 3. Non riponete la vostra fede nei nobili, né negli uomini

mortali che non hanno la capacità di portare la redenzione. 4. Quando il suo spirito lo lascia, egli ritorna alla terra; in quello stesso giorno i suoi piani si dissolvono. 5. Fortunato colui il cui Signore è il Dio di Giacobbe, la cui speranza è riposta nel Signore Suo Dio. 6. Egli ha creato i cieli, la terra, il mare e tutto ciò che è in essi; Egli mantiene fedelmente la Sua promessa per sempre. 7. Egli giudica equamente gli oppressi; dà cibo agli affamati; il Signore libera i prigionieri. 8. Il Signore apre gli occhi ai ciechi; il Signore raddrizza coloro che sono curvi; il Signore ama i giusti. 9. Il Signore veglia sugli stranieri; Egli dà forza all'orfano e alla vedova; Egli rovina i piani dei malvagi. 10. Il Signore regnerà per sempre, il tuo Dio, o Sion, per tutte le generazioni. Lode al Signore!

Centoquarantasette

1. Lodate il Signore! Cantate al nostro Dio perché Egli è buono; lodarLo è naturale perché Egli è piacevole. 2. Il Signore è il ricostruttore di Gerusalemme; Egli porterà indietro gli esiliati di Israele. 3. Egli guarisce i cuori spezzati e cura le loro ferite. 4. Conta il numero delle stelle e dà un nome ad ognuna di esse. 5. Grande è il nostro Padrone e immensa è la Sua potenza; la Sua comprensione è superiore alla nostra. 6. Il Signore rafforza l'umile;

getta il malvagio a terra. 7. Alzate le vostre voci di ringraziamento al Signore; cantate al nostro Dio con l'arpa. 8. Egli copre il cielo di nubi; prepara la pioggia per la terra e fa crescere l'erba sui monti. 9. Egli dà il cibo agli animali, come ai giovani corvi che gridano a Lui. 10. Egli non desidera coloro che confidano nella forza dell'esercito, né vuole coloro che confidano nella rapidità della spada dell'uomo. 11. Egli vuole coloro che Lo servono, che anelano alla Sua bontà. 12. Lodate il Signore, O Gerusalemme, Sion, benedite il vostro Dio. 13. Perché Egli ha rafforzato le vostre mura; ha benedetto i vostri figli davanti a voi. 14. Ha stabilito la pace entro i vostri confini; vi ha saziati con il grano più pregiato. 15. Egli ha ordinato i suoi precetti sulla terra; la Sua parola si diffonde velocemente. 16. Egli dispensa neve come lana; disperde il gelo come cenere. 17. Egli scaglia il Suo ghiaccio come briciole; chi può resistere al Suo freddo? 18. Egli comanda la Sua parola e dissolve coloro che la ignorano; fa soffiare il Suo vento e scorrere le acque. 19. Egli ha trasmesso le Sue leggi a Giacobbe, i Suoi precetti e decreti a Israele. 20. Egli non ha fatto questo per le altre nazioni ed esse non conoscono i Suoi decreti. Lode al Signore!

Centoquarantotto

1. Lodate il Signore! Lodate il Signore dai cieli; lodateLo dalle altezze. 2. LodateLo, tutti i Suoi angeli; LodateLo, Sue schiere tutte. 3. LodateLo, sole e luna; lodateLo, stelle brillanti tutte. 4. LodateLo, firmamento dei cieli e acque che siete sopra i cieli. 5. Che essi lodino il Nome del Signore, perché Egli ha ordinato la loro creazione ed essi sono stati creati. 6. Egli li ha creati per sempre, per tutti i tempi; ha emanato un decreto e non si potrà andare contro di esso. 7. Lodate il Signore dalla terra, mostri marini e tutto ciò che dimora nei mari. 8. Fuoco e grandine, neve e vapore, vento tempestoso che eseguite il Suo precetto. 9. Montagne e tutte le colline, alberi da frutta e tutti i cedri. 10. Animali e tutto il bestiame, esseri striscianti e uccelli alati. 11. Re della terra e tutte le nazioni, governanti e tutti i giudici della terra. 12. I giovani come le fanciulle, gli anziani come i fanciulli. 13. Che lodino il Nome del Signore, perché il Suo Nome è meraviglioso, di per Sé; la sua è una felicità unica sulla terra e in cielo. 14. Egli glorificherà il Suo popolo, i Signori fedeli Lo loderanno, i Figli di Israele, il popolo vicino a lui. Lodate il Signore!

Centoquarantanove

1. Lodate il Signore! Cantate al Signore un canto nuovo, raccontate la Sua lode nel gruppo dei fedeli. 2. Israele celebrerà il Suo Creatore; i figli di Sion saranno gioiosi per il loro Re. 3. Essi loderanno il Suo Nome danzando; canteranno per Lui con il tamburo e l'arpa. 4. Perché il Signore ama il Suo popolo; Egli adornerà l'umile con la redenzione. 5. Il fedele loderà la Sua gloria; essi canteranno sui loro giacigli. 6. La lode a Dio è sulla loro bocca e una spada a doppio taglio nella loro mano. 7. Per vendicarsi sulle nazioni e punire i popoli malvagi. 8. Per bloccare i loro re con catene e i loro nobili con ceppi di ferro. 9. Per eseguire su di loro il giudizio adeguato; sarà una gloria per tutti i Suoi fedeli. Lodate il Signore!

Centocinquanta

1. Lodate il Signore! Lodate Dio nella Sua santità; lodateLo nel cielo della Sua forza. 2. LodateLo per le Sue azioni potenti; lodateLo secondo la Sua immensa potenza. 3. LodateLo con il richiamo dello shofar; lodateLo con l'arpa e la lira. 4. LodateLo con il tamburello e la danza; lodateLo con gli strumenti a corda e il flauto. 5. LodateLo con cembali

squillanti; lodateLo con cembali sonanti. 6. Che ogni anima lodi il Signore. Lodate il Signore!

INFORMAZIONI SUI CONTATTI

Richieste e informazioni generali:
Accademia di Kabbalah Ashlag
info@kabbalah.it

www.kabbalah.it

USA
2009 85th St., Suite 51
Brooklyn NY, USA -11214

Canada
1057 Steeles Avenue West
Suite 532
Toronto, ON – M2R 3X1 Canada

מגשימים רחוב 17
תקוה פתח
ישראל

www.ingramcontent.com/pod-product-compliance
Lightning Source LLC
Chambersburg PA
CBHW050909260726
48660CB00001B/115